みんなの丁寧な暮らし日記

小さなことから始める。
私らしく毎日を楽しむ。

SE
SHOEISHA

contents

みんなの丁寧な暮らし日記

ギャラリーフェブ オーナー

引田かおりさん、ターセンさんご夫妻の「いいもの」と暮らす大人の楽しみ

PROFILE DATA

引田かおり　引田保
Kaori Hikita　Tamotsu Hikita

吉祥寺で「ギャラリーフェブ」、「ダンディゾン」を営む。ジャンルを問わずに発信される作品の独自のセンスと、そのライフスタイルが注目されている。著書に『二人のおうち 年を重ねてわかる、しあわせな住まいづくり』（KADOKAWA）など。保さんのブログ「ターセンの光年記」からも、2人の暮らしぶりがわかる。

キッチンからは、リビング・ベッドルームへまっすぐなラインが伸びています。縞模様を描くように差し込む日差しがとてもキレイ。意図したのではなく、住んでみて初めて気づいた、かおりさんお気に入りの空間なんだそうです。

「歳を重ねたからこそ、“小さく暮らす”ことはやめようと思ったんです」

白とグレーのコントラストが上品で落ち着いた雰囲気のバスルーム。大きな窓からは気持ちのよい光がたっぷり入り、バスタブに浸かりながら四季の移り変わりを眺めることができます。お隣の塀が目隠しがわりに。

楽しいことが起こりそう そんなコンセプトのお家

大好きな吉祥寺でギャラリーとパン屋を営む、〝ターセン〟こと引田保さんご夫婦。お2人が暮らす大きな一軒家には、訪れた人がワクワクするようなステキな空間が広がっていました。

「今の家に移り住んだのは2016年のこと。フルリノベーションしたんですが、私には空間構築能力がなくて、完成図がまったく想像できなかったんです。で、出来上がって実際に住んでみると、すごくいい家になったなぁって(笑)。天窓から月が見えたり、ガラスと木の間から朝日が差し込むのがキレイだったり、住んでみて発見できることがたくさんあって、毎日すごく楽しい」

そう語るのは、奥様のかおりさん。

「夫婦2人暮らしというよりは、人が集まる家をコンセプトに住まいづくりをしました。誰かを呼んでご飯を食べたり、泊まっていただいたり。2人だけだと寂しいから、いろんな人たちを巻き込んで、楽しい何かが生まれる場所にしたいと思ったんです」

歳を重ねて大きな家に住まうことには、ある意味では勇気がいること。でも、暮らしを楽しむための前向きなエネルギーにあふれたターセンさんご夫妻からは、そうした気負いをみじんも感じません。

「歳をとることは避けられないけれど、終活

おもてなしに重宝する「ティロワール」のお菓子。その日、その場所のためにつくってもらうスペシャルなスイーツは、味わいも格別。

器選びは自分のセンスだけではなく、展覧会で知り合う作家さんの作品や、彼らに薦められたものを、積極的に取り入れているそう。

スイーツには、無農薬の国産紅茶「国産うれしの紅茶」を合わせて。香りがよく、朝入れたものを夕方に温め直して飲んでも渋くならずにいただけるのだそう。

「和久傳」のお鍋セットは、月替わりで季節を感じられる具材がたくさん。四季折々の炊き込みご飯もとてもおいしい。

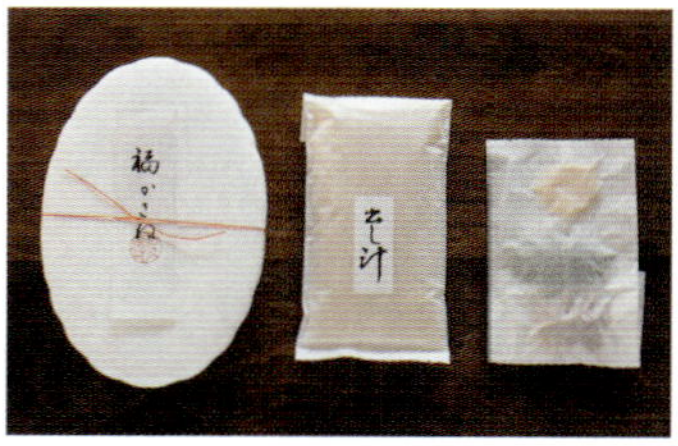

とか、人に迷惑をかけないように保険に入って……とか、小さく暮らすことにフォーカスするのはやめようと思ったんです。人生、まだまだ何が起こるかわからない。人やものとの出会いを、この場所でたくさん楽しみたいと思っています」

失敗を経て出会った“いいもの”たちと暮らす

お客さまをご自宅に招くときの心がけや、お出しするもの。そんなことについてかおりさんに伺いました。

「来客のおもてなしは、普段のしたくの延長。あまり頑張りすぎて負担にならないように、お取り寄せや大皿料理をお出しすることが多いです。そのかわり、お取り寄せは取り寄せるだけの価値があるものを。四季を感じられる『和久傳』のお鍋セットや、『ティロワール』という工房でつくっていただいたお菓子など、特別感のあるステキなものを一緒に楽しみたいと思っています」

かおりさん流のおもてなしは、それを盛り付ける器や食卓のスタイリングもとても印象的。パントリーの棚には、美しい器やグラスがずらりと並んでいます。

「器選びは、あまりこだわりを持たずにチャレンジするようにしています。人が『いいよ』と薦めるものを試してみると、驚きや発見がたくさんあって。作家さんと出会う機会も多

左／お仕事の書類やスケジュール帳などもすっきりと収納しやすく、大きすぎない絶妙なサイズ感やフォルムがお気に入りの理由。経年で味わい深い色になり、より愛着が。
右／美しい編み目で作り出された四角い形が棚を整理するのにもちょうどよく、部屋の中にもしっくりとなじむ風合い。使い続けるほど、人の手で作られたあたたかさを実感できる逸品。

「好きなものには間口を広く構えていたい」

15年間愛用している「アンリークイール」のバッグ。メーカーが2017年に撤退し、貴重なものになりました。

四角いフォルムが印象的なかごは、かおりさんが30年愛用していたものを、かご作家さんが復刻したもの。"本物"のよさは、時代を超えて受け継がれていきます。

いので、その方の〝人となり〟を知って『使ってみたい』と感じることもあります。そういうふうに、好きなものに対しては間口を広くしていたいんです」

いつも頭を柔らかく、自分の知らないものを積極的に取り入れる。そんなスタンスもまた、ギャラリーを営む引田さんご夫妻ならではのものかもしれません。

「〝いいもの〟の情報は、自分から探しに行くというより、アンテナに自然と引っかかってくるもの。あるいは、引き寄せる力があるのかもしれません(笑)。でも、自分の直感は信じています。失敗を恐れないで、気になったらすぐ買ってみる。もちろん、『イマイチだった』っていうこともありますが、それで養われる感性もあると思うんです」

引田さんご夫婦は、さまざまな失敗を経た今だからこそしっくりくる、愛用の品々を大切にしています。そして、メンテナンスを施したり、次世代の若者に託したりして、その魅力を末永く伝えていく。豊かでていねいな大人の暮らし方って、こういうことかもしれません。

「若い人と話していると、失敗しないようにすごく慎重。でも、トライアンドエラーをしていく勇気も必要だと感じています。自分でお金を出して買うことは経験になりますし、つくっている人への応援にもなる。〝いいもの〟との出会い、それがもたらす豊かな暮らしを、たくさん楽しんでほしいですね」

料理家

ワタナベマキさんの日々の暮らしに寄り添う、食と大切なこと

祖母と母から受け継いだ、四季折々の食卓

おしゃれだけど、親しみやすい。料理家・ワタナベマキさんがつくるフォトジェニックなお料理の数々は、どこか優しくて、等身大の魅力があります。「おいしそう」「私もつくれるかも」……そんな風に素直に思えるところが、彼女のレシピが支持される理由のひとつかもしれません。

「祖母が料理教室をしていたので、そこで見てきたものが、今の土台になっています」

もともとはグラフィックデザイナーとして活躍していたワタナベさん。20代半ばで「自分が本当に自信を持って表現できることは何

PROFILE DATA

ワタナベマキ

Watanabe Maki

料理家。グラフィックデザイナーを経て、2005年より「サルビア給食室」を立ち上げる。旬の素材を活かした優しい味わいの料理と、四季を感じさせる食卓のスタイリングが人気。『作り込まない作りおき』(KADOKAWA)など著書多数。

鮮やかな彩りが美しい、桜エビ、たけのこ、そら豆の炊き込みご飯。しゃもじを入れると、春の香りがふんわりと漂ってきます。

「身体が自然と求めるもの。それが、旬の食材なんです」

冬～春先が旬のわさび菜は、ピリッとした大人の味わい。生のままでもいいですが、だしをたっぷりきかせた「だし浸し」にして食べるのもおいしい。

春先から芽が出始めるアスパラは、春～初夏がいきいきとして最もおいしい季節。小ぶりなジャガイモと一緒に、シンプルに塩煮でいただきます。

だろう?」と考えたときに、その答えが料理であることを確信し、料理人としての歩みをスタートさせました。

「やるからにはと、調理の専門学校にも通いました。でも、そこで身についたことは、野菜の切り方や調理器具の使い方など、テクニカルなことがほとんど。今の私のスタイルのお手本は、昔ながらの日本の調理法を大切にしていた祖母や、料理好きの母なんです」

例えば、旬の食材を使うことも、ワタナベさんのこだわり。その食材を一番おいしい時期に食べるという当たり前の幸せに加え、四季に根づいた食の役割を大切にしています。

「秋から冬にかけては、冷えた体を温めてくれる根菜が豊富な季節。春は、眠っていた体を呼び覚ますような、苦みのある山菜がおいしい。暑くなれば、体温を下げてくれるトマトやキュウリが食卓に並びます。そう考えると、日本の四季と旬の食材って、とてもうまくできていますよね」

旬の食材の力強さを活かすとなれば、自然と調理法もシンプルに。そこに添える調味料のこだわりはあるのでしょうか?

「昔ながらの製法で、余計なものが入っていないものを選ぶようにしています。お醤油なら、原材料は大豆と塩だけ。毎日使うものなので、手に入りやすいことも大切です。調味料でそのお家の味が決まりますので、定番を見つけられるといいですね」

鮮度が命のそら豆は「おいしいのは3日間」といわれるほど。さやから出すと硬くなり、味が落ちてしまうので、できればさや付きのものを購入し、自分でむく“ひと手間”を。

鰹節と昆布のだしに浸したわさび菜。煮干しと昆布の水だしやイリコだしなど、お料理に合わせてさまざまなだしを使っているそう。味に奥行きがでるだけではなく、栄養もアップ。

じゃがいもとアスパラの塩煮は、火から下ろした後にごま油で香りづけするのも“ひと手間”。仕上げに炒りごまを振る際には、手でひねりつぶすと、香りに深みが増します。

昔のよさを取り入れながら時代にフィットしたレシピをつくる

近ごろでは、「時短」や「作り置き」が大ブーム。いかに〝ラクして〟料理できるかが人気のようにも見えますが、その一方で、ワタナベさんが常に感じているのは、手間をかけることの大切さだといいます。

「『手抜き』という言葉が嫌いです。料理って、手を抜くと、それなりの味にしかならないんですよ。とはいえ、手間をかけることは、決して難しいことではないんです。例えば、むいてあるそら豆ではなく、さやに入ったものを買ってきて自分でむくのもひと手間。作り置きも、素材のよさを引き出すためのものなら立派なひと手間だと考えます。要は、どうしたらおいしくなるかを考えて、愛情を込めて料理をすること。それだけで、見た目や味わいに差が出ると思うんです」

ワタナベさんのそうした考え方は、彼女の献立づくりにも活かされているように思います。例えば、同じ食卓には違う食感のお料理を並べること。そしてそれは、たとえ同じ食材でも切り方を変えるだけで叶えられること。

「手間をかけるのは面倒なこと」という固定概念に捉われがちですが、実際に取り組んでみると、意外と楽しいことに気づかされます。だしを取ることしかり、料理の盛り付けしか

ワタナベさんと食卓を囲むと、自然と和やかな雰囲気に。優しく穏やかな人柄は、どこかワタナベさんのレシピと通じるものがあります。料理はつくった人の「人となり」を表すものかもしれません。

「『手抜き』という言葉が嫌いです。料理は、手間をかけるものだから」

り。無理をしないで手間をかけることで得られる充実感もまた、ひとしおです。

「盛り付けに関しても、『おいしく見えるかな』という気持ちが大事。ちょこんと盛るのがキレイだったり、山盛りにするのがおいしそうだったり、お料理によって盛り方を考えるのも楽しいものです。ひとつだけコツを挙げるとしたら、リム皿（フチが一段上がった平皿）に盛ると、おいしそうに見えます！」

レシピ本を上梓したり、講演会に出演したりと、各方面から引っ張りだこのワタナベさん。今、または近い未来に、取り組みたいことを伺いました。

「自分のレシピが、読んだ方のレパートリーになるのはすごくうれしいこと。多くの人が取り組みやすく、アレンジしやすいレシピを提供し続けていくのが継続的な目標です。できれば、昔から受け継がれてきた日本ならではの調理法を伝えていきたいのですが、それをそのまま今のライフスタイルに反映するのは難しい。だから、〝効率のよい手間のかけかた〟で昔のよさを取り入れながら、今の時代にフィットしているレシピを提供し続けていけたらいいですね」

最後に、料理がうまくなるコツをひとつだけ挙げるとしたら、何と答えますか？

「おいしいものを食べること！　いろいろな場所に出かけて、その土地のおいしいものをたくさん食べることが、何よりの勉強になると思いますよ」

シンプルライフ研究家

マキさんの家事と心にゆとりをもたらすエコな暮らし方

PROFILE DATA

マキ

Maki

広告代理店勤務のワーキングマザー。夫と娘2人の4人暮らし。ブログ「エコナセイカツ」では、不要な物を持たず、家事を簡略化するシンプルな暮らしぶりを紹介している。『しない家事』（すばる舎）や『ゆるく暮らす』（マイナビ出版）など著書多数。累計発行部数は20万部を超える。

必要最低限の物でしつらえられたリビングは、スッキリ広々とした印象。物が少なければ管理がラクになり、掃除にも手間がかかりません。少しのインテリアでおしゃれに見せてしまうセンスはさすが！

「『家事はこう』という固定概念にしばられないこと」

衣類の引き出しを開けると、お子さんが「あさ」と「よる」に着る服が一目でわかる、かわいい工夫が！　洗濯物管理の簡略化と、お子さんの"パジャマ脱ぎっぱなし問題"に一役買っているそう。

気乗りのしない家事は「しない」という選択

「その家事って、本当に必要?」普段、何気なく取り組んでいる掃除や洗濯、料理に対して、こんな疑問を持ったことがありますか?　シンプルライフ研究家であるマキさんが実践しているのは、ズバリ「しない家事」。日々の家事をできるだけ簡略化して、「気乗りのしない家事に時間をかけない」という取り組みに、多くの人が驚き、そして、共感を抱きました。

「『しない家事』を意識し始めたのは、次女が産まれたころ。仕事と子育ての両立が難しくなり、家事をもっとラクにするために、『これをやらなかったらどうだろう?』といろいろ実験してみたんです」

例えば、朝ごはんに火を使わないこと。トイレマットやキッチンマットは実は不要であること。バスタオルは家族の人数分しか持たないこと……。今まで必要だと思っていたこと、物から解き放たれたときに、いかに「家事はこうあるべき」という固定概念に捉われていたかを実感したのだと語ります。

「不必要なものを見極めるということは、自分や家族のライフスタイルを見つめ直すことなんですよね。『普通』に従うのではなくて、『我が家では"しない"のもアリかも』という柔軟な発想で暮らしと向き合うことが大切だと思います」

上／洋服は色違いを2〜3パターン揃えるのがマキさん流。　中／「工房アイザワ」のザルとボウル、「ののじ」のしゃもじは、ひとつで何役もこなす名品。洗い物や収納スペースを減らすために、調理器具は少数精鋭派。　下／コーヒーフィルターは布から手づくり！

洗面所の物の少ないこと！　棚にあるのは、洗剤やハンドソープなど、さまざまな用途に使い回せる化学物質不使用の石鹸洗剤「パックスナチュロン」をボトルに移したもの。バスタオルは「ファブリックプラス」の「ガーゼ湯上りバスタオル」。薄手なので洗濯機にまとめて放り込め、乾くのも早いのだそう。

時間のゆとりが生んだ、エコな生活と健やかな心

洗濯をラクにするために洗濯物を減らしたり、洗い物を減らすために調理器具を厳選したり。『しない家事』を実践すると、物がどんどん減っていきます。そうして自然と確立されたのが、今のマキさんの「エコな暮らし」にほかなりません。

「例えば洗剤なら、トイレ用、キッチン用、バスルーム用とたくさんの種類がありますよね。でも、実はお風呂とキッチンの漂白剤の成分がまったく同じであることや、洗濯用と食器用を併用できる洗剤があることを知っていれば、常備すべきものも少なくてすみます。また、衣類も、わが家では〝定番〟の色違いを2〜3パターン揃え、それを交互に着回しています。そうすることで、服選びの時間や労力を省エネでき、日々の暮らしの中にゆとりが生まれるのです」

そう語りながら、慣れた手つきでコーヒーフィルターを縫うマキさん。消耗品の購入を抑えるために、できるだけ手づくりしているそうです。

「『エコを目指そう！』って思ったわけじゃなく、自分のテンションが上がらないものにお金を使いたくなくて。洗剤とかコーヒーフィルターって、買うときにあんまりワクワクしないじゃないですか（笑）。だから、そうした

お子さんたちのリクエストで、おやつの蒸しパンづくり。調味料には身体に優しい「生活クラブ」の「素精糖」を使っています。

「『したい家事』に時間を使えば、心も身体も健やかになります」

手づくりのイチゴジャムと、大根を天日干ししたもの。切り干し大根は細長いという固定概念をやめ、切る作業がより簡単な輪切りでも同じ味。

消耗品の購入をなるべく控えて、つくれるものはつくってみようって思ったんです」

実際、マキさんの行動力や〝手づくり力〟の高さには驚かされます。コーヒーフィルターなどの日用品から、食品にいたっては市販のものなら大抵つくってしまうそうです。

「両親が縫製工場で働いており、実家には大きな業務用ミシンが2台もありました。『ないものはつくる』という教育方針で育ったので、昔から、物づくりは好きな方だと思います。また、食に関しては、季節の手仕事が好きな母をお手本に、市販のものもなるべく手づくりするよう心がけています」

そうした食にまつわることは、彼女にとって、「したい家事」なのだと語ります。

「特におやつは、子どもから『あれつくって！』と言われることが多いので、必要にかられて手づくりになることもしばしば（笑）。でも、自分でつくればおいしいし、何が入っているかが明確なので安全です。『しない家事』でうまれた時間を、自分が大切にしたい手仕事に費やし、ていねいに取り組む。そういう時間の使い方をできるようになったことが、今の暮らしの一番のメリットかもしれません」

不要なものをそぎ落とし、大切なことに時間やエネルギーを費やすことで、自然と心も健やかに。マキさんの穏やかで自然体な人柄を見ていると、「エコな生活」の利点はこんなところにもあるのだと実感しました。

1 暮らしを楽しむ

ささやかで何気ないけれど
大切な時間。
日々の暮らしそのものを
楽しむ工夫。

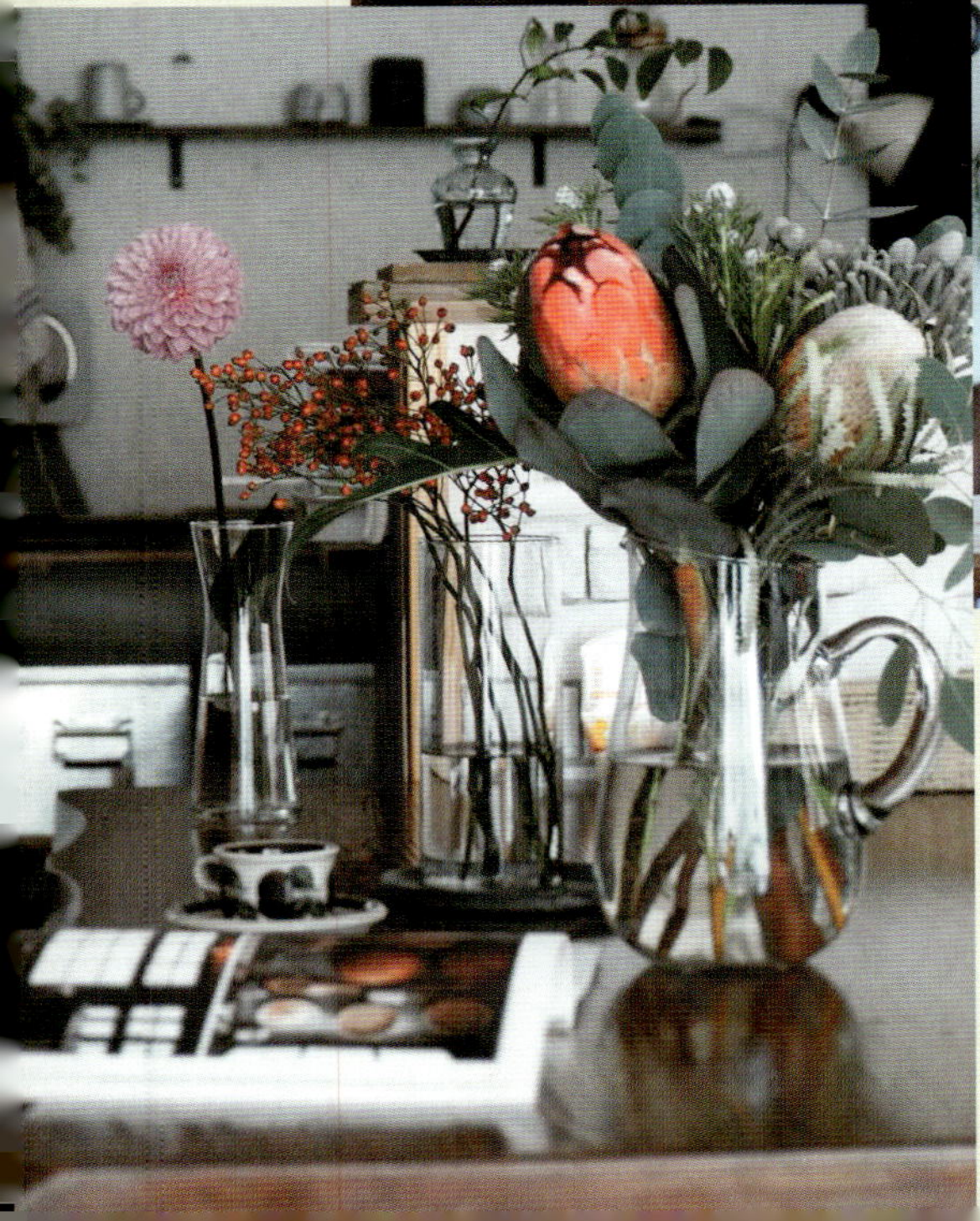

ドーナツはたまごもバターも入れて、バターロールのパン生地の配合で作ります。自分が美味しく思えばそれでよし。

01

samiさん

sami

手作りお菓子を家族みんなで食べる時間が好き

上／母からもらった、鉄のワッフル型で作ったワッフル。カスタードは、卵黄のみのものが好き。　中／楽天家はドーナツを見て、悲観論者はドーナツの穴を見る。ってドラマで言っていたけれど（笑）。　下／夏らしく、夢のようなフルーツポンチを作りました。

Instagram
「@hiyotaroo」

お菓子作りが好きです。ここは田舎町なので、ケーキ屋さんはほんの数軒しかありませんが、季節ごとに果物や野菜がどんどん我が家へ届くのでその果物や野菜で何ができるかを考えています。それを考えている時間もとても楽しい。そして、家族みんなで、「美味しいね」と言いながら、食べる時間がなによりも大好きです。

母は、私が幼いころから、酵母のパンや、パン生地で作るパンドーナツ、ワッフルにロールケーキと、さまざまなものを焼いて食べさせてくれました。幼いころの懐かしい味と、わ〜おいしい、という、小さな感動は、今の自分にとても影響を与えたと思います。

私は、細やかな家事などの面で丁寧な暮らしなど、していません。ひどく、ゆるいですから丁寧などとは、ほど遠いように思っています（笑）。でも、季節にそって、子どもたちや夫の暮らす形にそって、やわらかく、自然に、流れるように暮らすことを、大切に思っています。そこに寄り添う暮らしが「丁寧」であったら嬉しいです。

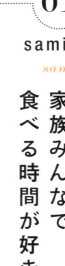

ちょっと待ってね、を言わない手仕事

目の前に、やりたいことがあるときは……まず、めんこい子どもたちの心を、満たします。「あとでね。ちょっと待ってね。これが終ったらね」。そのセリフを言わずに済む季節の手仕事は、気持ちがいい。

写真上は右からトマト15個分でピザソース、梅シロップ、新生姜のガリ、レモンシロップ、いちごシロップを作りました。シロップは、この夏のかき氷用です。

作ったものたちに……カメラの焦点を当てているつもりが。やはり、ピントがズレてしまう。

もう一つは週末の作り置き。完熟トマト10個分のトマトソース。みかんゼリー（流行りの「アガー（常温でも溶けない植物性のゼリー）」で）。梅シロップは完成。梅の実は冷蔵庫に。たまにパクっと食べるのが好きです。プラムシロップはもう少し。黒くなったバナナはケーキにします。庭のレモンバームは葉を摘んで、ハーブティー。冷やして、キーンと冷たいハーブティーもうまし。

上／夏の作り置き。
下／週末の作り置きいろいろ。

いろいろ作ってキャンプに出発！

忙しいキャンプは嫌いなので……いろいろ、作ってから出発です。

おにぎりは3種類。焼豚のはじっこで玉ねぎサラダ。たたききゅうり。大根の酢漬け。ホットサンド用の、たまごサラダ。定番の一本きゅうり。いつものピクルスには、ゴーヤを入れたらおいしくて。

デザートは、季節のもので……この町名産のプルーンに、この町のりんごケーキに、この町のかぼちゃのケーキ。そして明日の朝のコーヒーのお供の、ガトーショコラ。粉砂糖を買い忘れたけど、そのままでよし。

向こうに着いたら、あとは、男性陣にお肉を焼いてもらって。私は、ぴーちくぱーちくお喋りして、ほろ酔いになるばかりであります。

これだけあれば、キャンプのときもらくなのです。

PROFILE DATA

▼住まい、年代、仕事、家族、趣味特技
北海道／39歳／看護師／同い年の夫、私、長女10歳、長男7歳／お菓子作り、畑いじり、ガーデニング、お裁縫

▼好きな家事
お菓子作り。みんなでおいしい甘いものを食べるのが大好き。

▼苦手な家事
お菓子作りは好きだけど、日々のご飯を作るのは苦手（笑）。手抜きの日のほうが、家族に好評だったりして（笑）。まだまだ修行中です。

▼やりたい家事
ガスオーブンをつけてパン作り。

▼自分の家事についての長所
お菓子作りは、ほんの少し空いた時間や、ご飯を作りながらの片手間で作ります。「よし！　やるぞ！」と気合いを入れて作るのではなく、ある材料で作れるものを考えて。材料が揃わなければ代用品を使う。そして、見た目がへっぽこでもそれすら、愛おしく思えてしまうような。家庭らしくて、田舎くさくて、どこか懐かしい。それが自分のお菓子作りの長所だと思ってます。

▼家事についての気持ちの持ち方
完璧を求めることなく、失敗だって自分らしい。だめなところも笑って、だめだった～って、自分を許す。それがいちばん大事で。そうすることで苦しくなく、無理することなく、笑って、楽しく家事をこなしていけると思ってます。

春の手仕事。ホタテの貝柱作り

お嫁に来てから、ずっと繰り返している春の手仕事はホタテの稚貝の貝柱作り。

形が変だったり、割れたりして、破棄されるホタテの稚貝。海水から揚げてすぐ蒸したものを、毎年、それはそれはたくさん頂きます。半日かかって、貝から貝柱を取りました。あとは雨にあたらないように干すだけ。うちの子どもたちは、まだ柔らかなときに、ぱくぱくとおやつ代わりに食べます。カチカチに乾燥させて瓶に詰めて。煮物や冬のおでんのときに、出汁として使います。甘くて塩気の効いた、海の旨みが素晴らしい。

これくらいあれば1年間、おいしいお出汁が食べられる。手に傷がたくさんできたけど……一生懸命頑張ってよかったな。

上／毎年たくさんの稚貝をもらいます。　中／雨に当たらないように干します。　下／1年間おいしいお出汁が使えます。

めんこい布をためています

おうちの中をあちこち整理して出てきた、小さな洋服たち。チョキチョキして。いつか、いつか、何かに生まれ変わらせてあげるんだ。って、また、生地をためていく。大きな袋一つ分あったのに……切ってしまえばこんなもの。

花柄もボーダー柄も、それはそれはめんこいこと。誰かが見れば、なんてこともないボロ布なんだけども、これほどめんこい布はない。

いつかはやりたいと思って、ずーっと布をためてますが、まだ作り始めてもいませんよ。おばーちゃんになる前に完成させたいです。

いつかの日のために、チョキチョキ。形になるのはずっと先かな。

PROFILE DATA

▼掃除や片付けについての心がけ

毎日、ためこまず。ちょっとずつ。自分なりのルーティンを崩さないように。台所のシンクだけは、最後にピカピカにしておしまいです。それと、寝る前にリビングをリセットします。そしたら、朝起きたとき、気持ちよく1日を始められる。

▼掃除がおっくうな日は

そんな日は自分を甘やかして、なんにもやりません（笑）。自分の身体と心が疲れている、サインだと思っています。

▼住まいについて好きなこと、楽しんでいること

床を拭くのが好きです。おうちは家族。そう思って。子どもたちにも、そう感じて育ってほしい。なので、床を拭くのは顔を拭くのと一緒で。とても気持ちいいです。

おうちは家族。働かざるもの……食うべからず。

96歳のおばあちゃんがお話してくれたこと

仕事場で96歳のおばあちゃんが話してくれた。

「私は若いときにたくさん人とお話をして、一生分のお話をしたので、もうそんなに話さなくていいようにと、耳が遠くなって聞こえづらくなりました。

親戚も幼い頃からの友人も、年をとってからできた顔を合わせればお話しして、おかずを届け合うような近所の友人も、みんな先に亡くなりました。私は長く生きました。だから今、こうしてあなたと話しているだけで、幸せです」と。とても満たされたようなお顔でね。ああ、これは決して慰めてあげるような話ではないんだなと思って。私はただうなずいて。「そう。それはよかったです。私も嬉しいです」と、お返事しました。心の芯が、すっ！　と立っているそんなおばあちゃん。洗濯物の仕分けをしながら、ふと、思い出したから、記録。

洗濯物を仕分けながらおばあちゃんの話を思い出しました。

「最初の集団下校のときね……」

娘のひよが弟に言っていた。

「ねぇ、ようちゃん。最初の集団下校のときね、先生に言うんだよ。おうち、すぐなんです、って。ここなんです、って。大きい声で言うの。わかった?」そう。彼女が1年生のとき。集団下校の列の後方に大人しく並んだものの元気よく歩き始めた行列の、いちばん前の先生にまさかもう、集団から離れる分岐点に来たと言えず。ひたすら遠くまでついてゆき、最終ポイントまでゴールしてしまったのである。

ちょうど通りかかった友達が、「ひよちゃん、信じられないとこ歩いてたよー」っておうちまで送ってくれたっけね。私も、心配で心配で……。ひよも泣いたけど、ママも泣きたかった。ふふふ。思い出すと笑っちゃう。

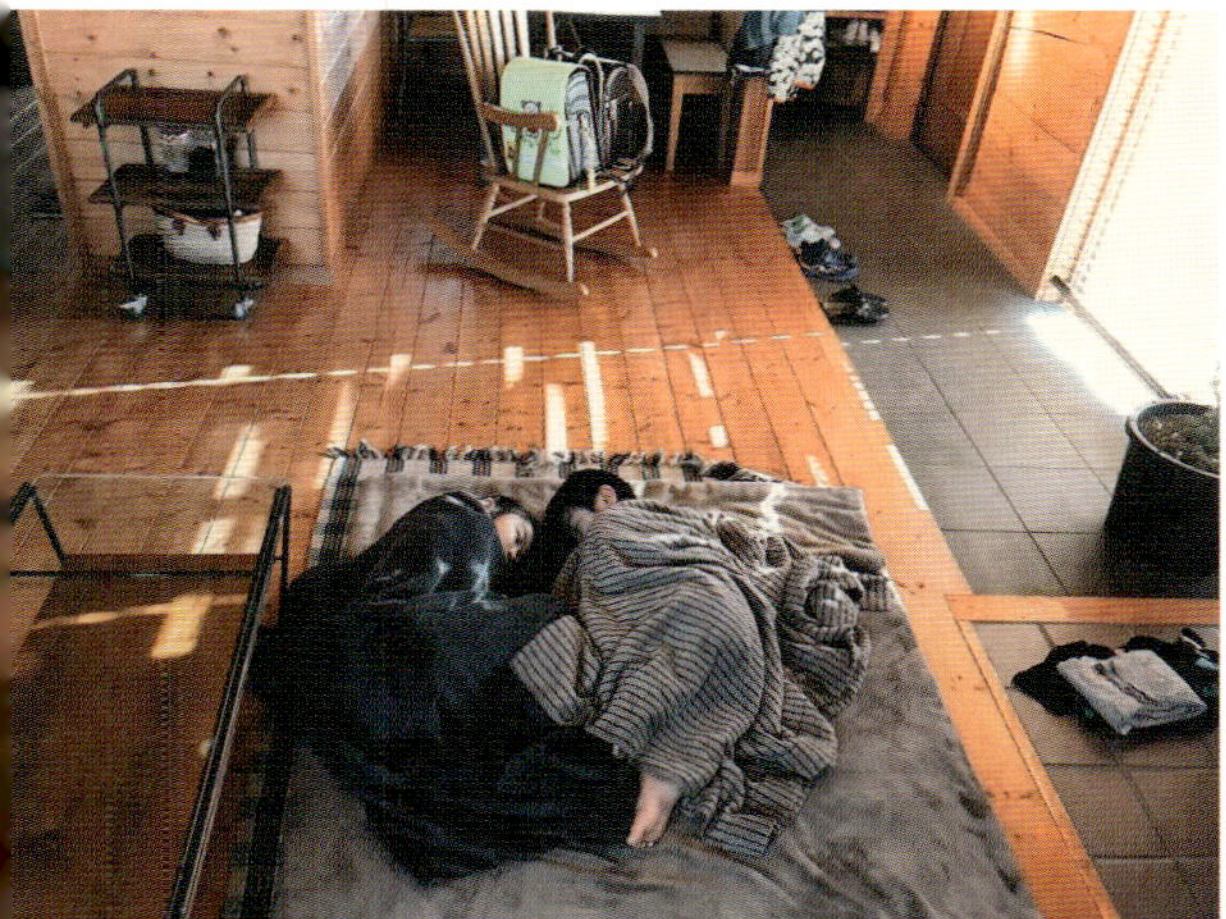
今日もめんこい人たち。この子たちがいるから頑張れる。

なるべく地元でとれた食材を使い、ご飯は家で作って食べるように心がけています。

02

ayakoさん

ayako

体に優しいご飯は気持ちまで優しくしてくれます

Instagram
「@aya15____ks」

力まず、頑張り過ぎず、でも料理だけは疲れていてもしっかりやろう。と決めてやっています。もともと料理は好きだったのですが、津端修一さん、津端英子さんの暮らしのドキュメンタリー映画「人生フルーツ」を観てご夫婦の考え方にいたく共感しました。生きていくために本当に必要なものは何か。どう生きていきたいか。津端さんご夫婦の著書からはたくさんの刺激をいただきました。

今日は好きな音楽をかけながら、時間に追われずに料理の下準備。私はこんな田舎のお婆ちゃんちみたいなご飯がいちばん好きで、体に優しいご飯を食べると、気持ちまで優しくなれる気がします。

上／いつもバランスの良い料理を作ってくれた母のようになりたいと思っています。　下／偏食のある息子のために、献立は息子中心。お味噌汁は毎日作り、昆布と鰹節で出汁を取っています。

家は家族みんなが落ち着ける場所でありたい

家は、家族皆が帰って来たときにホッと落ち着ける場所でありたいと思っています。掃除や片付けは得意ではありませんが、インテリアのレイアウトだったり、花を飾ったり、部屋を飾り付けすることは楽しいですし、好きです。そのために掃除や片付けを頑張っています。

理想は、繰り返される日常に感謝しながら、自分達らしく生き、家族がいつも笑っていられる。そんな暮らしです。

家族がいつも、いつまでも仲良くいられるように、私が中心となって家族を巻き込みながらどんなときでも笑っているように心がけています。

子どもたちと話をしたり、一緒に遊んだりする時間、夫と話をしたり、一緒にコーヒーを飲む時間を大切に。自分ができる範囲で、できることだけを頑張りながら楽しく暮らしたいです。

上／朝寝坊した土曜日。ゆっくり朝ご飯を楽しみます。　中／お花が好き。癒やされます。
下／1日の終わりには、アロマディフューザーを灯して楽しみます。アロマは優しい香り。オイルはイランイランやローズマリー等をブレンドしたもの。

PROFILE DATA

▼住まい、年代、仕事、家族、趣味特技
鹿児島県／30代／専業主婦／読書、映画鑑賞、音楽鑑賞

▼好きな家事
料理。食べることは生きることに直接つながるから。できるだけ国産の野菜や肉、魚を買います。

▼苦手な家事
掃除。洗濯。

▼家事関連でやりたいこと
パン作りと畑仕事。

▼自分の家事についての長所
頑張り過ぎないところでしょうか……。

▼献立で気を付けていること
今は偏食のある息子が中心の献立になっています。野菜が苦手な息子のために、野菜と果物でグリーンスムージーを作るようにしています。

▼お料理について好きなこと
料理の盛り付けが好きで、季節の花を添えたりして楽しんでいます。

▼今後チャレンジしたいメニュー
おせち料理を一つ一つ丁寧に完璧に作れるようになりたいです。

家族みんなが片付けやすい収納を心がけています

今日は主寝室のクローゼットとにらめっこ。バックの収納に悩みます。あと、色を統一したい私は、夫の赤いジャケットが悩みの種です。「マイケル・ジャクソンみたいだね」何気なく放った私のひと言により、その赤いジャケットは彼のお気に入りの1着になってしまいました(笑)。

各自、自分のものは自分で片付けるようにルールを決めています。そのために、片付けやすい収納を心がけています。

子どもたちの幼稚園がモンテッソーリ教育を取り入れており、教具一つ一つを園児たちが自分で片付けられるようになっています。そんな収納に影響され、私も実践しようと思い、試行錯誤しています。

リビング内にある階段下収納に、生活用品を全てしまってあります。文具や薬等、家族皆が使うものはそれぞれ引き出しにラベリングし収納しています。そうすることで、家族一人一人が各自、物の定位置を把握し片付けてくれるようになりました。

上／物に居場所を。散らかる前に戻す。自分に言い聞かせてます。中／今朝の一カ所掃除は娘の部屋のクローゼット。　下／階段下収納を見直しました。小さな生活用品一つ一つにも居場所があると片付けやすいです。

PROFILE DATA

▼「丁寧な暮らし」について思うことがあれば教えてください

丁寧な暮らしって、どんな暮らしだろう……。掃除を完璧にすること。洗濯物をしわなく干すこと。素敵な家具を揃えること。一人一人、その概念は違うと思います。私にとっての「丁寧な暮らし」は家族のことをいつも想い、ちゃんと向き合うこと。家族のために部屋を居心地良くし、ご飯を作り、美味しいコーヒーを淹れ、話を聞き、話を聞いてもらい、アロマを焚き、寝具を整える。家族を想いながら暮らす。ただ、それだけのことなのだと思います。

玄関掃除。たたきには植物だけ

今日は快晴なので朝から玄関掃除。たたきを水洗いしてモップでゴシゴシ。風水的には全ての気は玄関から入ってくるらしいので、たたきには植物以外は置かないように。きっと3日後には靴が散乱しているだろうけど。

家事は頑張り過ぎないように。
繰り返される日常に感謝して。

静かに静かに拭き掃除

風邪をひいた息子がリビングで寝ているので、静かに静かに拭き掃除。バケツの水にオレンジの精油を1、2滴たらしただけで、ほのかに香る爽やかさです。

今日から新学期。娘は無事に登校できましたが、息子は発熱中です。休み中一度も風邪をひかなかったのに、始業式前にひくという……まぁ……いっか。人生思う通りにはいかないものさ。「大丈夫、大丈夫。なんとかなる」と心の中で唱えながら床を拭いていきます。自分にそう言ってあげるだけで、心が落ち着いてくる気がします。そして、子どもたちが不安な顔をしているときも、「大丈夫、大丈夫。なんとかなる」と言ってあげられる。自分を責めないことはとても大切だなぁ。さぁ、今日も新しい1日の始まり。力を抜いて頑張ります。

大丈夫、大丈夫。なんとかなる。と唱えながら、床を拭きました。

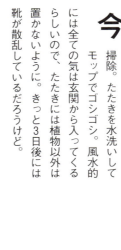

目で楽しめるオープン収納にしたくて、家を建てるときにもこだわりました。

03

シッポさん

sippo

キッチン周りの掃除が好きです

Instagram
「@siippo」

キッチン周りの掃除が好きです。好きな食器を洗ったり収納を考えたりしている時間が楽しいです。「オープン収納だとほこりが気になりませんか?」とよく聞かれるのですが、出していない状態よりは気になるのかもしれませんが、私はキッチン周りの掃除は全然苦にならないので気になったことはないです。必要だと感じたら棚を拭いています。

私は扉を開け閉めするのが面倒なのとキッチングッズが好きなのもあって目で楽しめるオープン収納を選びました。収納の仕方は人それぞれだと思うので自分が使いやすい、自分の性格に合った方法がいちばんだと思います。

掃除や片付けは、ためると後が大変なので気になったら、そのときにやるようにしています。日々少しずつやっておけば年末の大掃除がとってもラクになります。

上／掃除中のひとこま。掃除中にしか見られない、ここからの眺めが好きです。
下／毎日使う場所なので普通に掃除していれば、ひどいことにはなりませんが、定期的に掃除をしています。

床掃除は掃除機を2種類使っています

上／私の苦手な家事ナンバー1は床掃除なのですが（終わりが見えなくて時間がかかるので）、こんな姿を見られるのが嬉しくて。これが床掃除を頑張れる理由。
左下／ダイソンは吸引力が抜群です。　右下／サブ掃除機はマキタです。

子どもが小さいこともあり、食べこぼしなどですぐ汚れるので、きれいな床を維持するのはなかなか大変です。

我が家の新しい掃除機は、悩みに悩んで、ダイソン。コンパクトなので収納もしやすく、軽いので持ち運びもラク。コード付きですが、2階まで掃除機をかけても充電を気にしなくてよいところがお気に入りです。

もちろん吸引力は抜群で、隅のとりづらいほこりやラグも掃除しやすくなりました。何より毎日これだけほこりがたまるの⁉ と思うくらいの吸引力なので、掃除機がけが終わった後の気持ち良さも最高です。

そして、我が家のサブ掃除機はマキタ。さっと使えるよう、掃除機スタンドを導入したらますます便利になりました。

PROFILE DATA

▼住まい、年代、仕事、家族、趣味特技
岐阜県／30代／専業主婦／夫、自分、長男2歳、長女8カ月／お菓子、パン作り

▼掃除や片付けについての心がけ
次の日起きた時に、新たな気持ちでスタートできるように毎日寝る前のリセットは欠かせません。

▼食についてのこだわり
なるべく旬の野菜を取り入れるようにしていますが、主人も子どもも生野菜が得意ではないので、スープにしたり煮込み料理にしたり食べやすいように気をつけています。

▼お料理について、影響を受けた人は
お義母さんから影響を受けています。主人の実家でご飯をいただく機会が多いので思うことなのかもしれませんが、食べてほっとする家庭の味は長年作り続けてきたからこそできるものだと思います。そんな料理が作れるようになりたいなぁと思います。

▼お料理について苦手なこと好きなこと
揚げ物をしたあとの片付け。

▼お料理について好きなことレシピ本を見ながら新しい料理に挑戦すること。

▼今後チャレンジしていきたいメニュー
ハーブを使った料理。

見やすく使いやすいパントリー

パントリー用に新しく収納かごを購入したので届く前に少し整理をしました。どこに何があるのかすぐわかる。見やすく使いやすい。というのが、自分に合った収納方法です。

季節の果実酒やシロップ作りが好きなので保存瓶が多めです。保存容器もすぐ使えるようにまとめて置いています。サイズがいろいろあると作り置きにも便利なので少しずつ集めています。

カゴの大きいほうには缶詰めなど。小さいほうにはお菓子を入れました。案外たくさん入るのと持ち手が自由に動くのでいろいろな場所で使えそうです。

上／新しくカゴを導入しました。缶詰やお菓子が入っています。　下／見やすく、わかりやすい収納を心がけています。

PROFILE DATA

▼理想の暮らしはどんなものですか

家族みんなが心地よいと感じることがいちばんかなと思います。

▼理想の暮らしに近づけるために心がけていること

自分だけ、にならないよう、家族の目線も大事にしながら家作りを楽しむようにしています。

▼暮らしを楽しむために大切にしていること

自分が楽しいと思える環境作りです。好きなものに囲まれていると自然と楽しいと思える暮らしができると思っています。

▼「丁寧な暮らし」について思うこと

丁寧に暮らすというのは、人や物、時間や暮らしに対して、その一つ一つを楽しむことでもあり、大事にする、ということでもあるのかなぁと思っています。

トイレの床はタイルです

トイレの床はタイルにしています。掃除もしやすいので良かったと思っています。そしてトイレはタンクレスに。トイレットペーパーが置けるようにニッチ収納スペースを作りました。

トイレのスリッパは、最初はこだわって良いものを購入したのですが、汚れるものは使い捨てできるくらいのもので良いなぁ、と最近変えました(笑)。

左／手入れしやすいタイル床。　右／タンクレストイレです。

シンクを磨きました

キッチントップやシンクは、定期的に「ハイホーム」で磨いています。今日は午前中少し時間ができたので、布団を干してシーツを洗っている間に磨きました。ついでにたらいも磨いてデッキで乾燥させました。水周りはいつもに清潔にしておきたいです。

定期的に磨いています。

煮込み料理が好きです

娘が寝ている間に夕飯の準備。煮込み料理は、お風呂掃除をしたり洗濯物をたたんだり、その他の家事もできるので大好きです。

以前は料理が好きになれなかった私ですが、レシピ本をたくさん読んだり、好きなキッチングッズを揃えたりするうちに、上手ではありませんが料理好きになったかな、と思います。今では誕生日に鍋が欲しい、と思うほど。これからも好きなものを大事に、楽しむ気持ちを忘れずいたいなぁ、とあらためて思いました。

大好きなキッチングッズを揃えています。

我が家を癒やすハンモック

展示場でひと目で気に入り、絶対につけよう！　と決めたハンモックチェアです。本を読んだり子どもの寝かしつけに使ったり。子どもを抱っこしながらゆらゆらと。そっと覗くと主人も一緒に寝ていることもある、我が家の癒しアイテムです。

家族みんなが癒やされています。

鍋全般が好きですが、銅鍋も好きです。右は、100年前の銅鍋。ネットフリマ「メルカリ」で見つけました。

04

kitchenarrangeさん

kitchenarrange

昔の人たちの暮らし方から多くを学んでいます

Instagram
「@kitchenarrange」

「丁寧な暮らし」。以前は漠然とあこがれる言葉でしたが、最近は、丁寧な暮らしをすることで、自分が何をしたいのか、考えるようになりました。自分にとって、丁寧な暮らしをすることとは決して目的ではないと気が付きました。

朝、おいしいご飯が炊けたときや、卵焼きが上手に巻けたときなど、そんなさりげないときが、1日のスタートをものすごくハッピーにしてくれます。

仕事で成功したり、ドカンと大きな幸せが欲しい時期もありました。でもそうしていた頃をかえりみて、当たり前の暮らしが何よりも大切で、心穏やかに過ごせるのではないかと思うようになりました。

昔の人の失敗や成功の経験から生まれた暮らしには、とても学ぶことが多いです。昔の人が日常で、当たり前にやっていたことを私の生活にも取り入れたいと思っています。

鉄釜は池永鉄工さんのもの。木のふたは、別途購入しました。

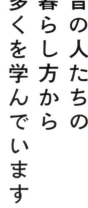

上／鉄釜でご飯を炊いています。　下／朝食はおにぎりにすることも。

30分足らずで完成！
鉄釜でご飯を炊いています

我が家は鉄釜でご飯を炊いています。おうちに遊びに来た人から、オブジェだと思われるこの鉄釜(笑)。実際にご飯を炊いている話をすると、「すごーい」「難しそう」なんてお言葉をいただくのですが本当に簡単なんです。

【材料】お米2合、水420cc（1合あたり210cc）

【炊き方】①蓋を少しずらして強火で沸騰させます。②5分ほどで沸騰するので、蓋を閉じて弱火にしたら待つこと10分。③最後に10秒ほど強火にしてから火を止めます。④五徳から余熱が入らないようコンロから降ろして、蓋をしたまま10分ほど蒸らします。⑤十字に飯切りをしてふわっと混ぜたら、おひつに移して完成です。

30分足らずでツヤツヤご飯の炊きあがりです。私が食べているこしひかりは、やわらかいお米なので吸水をさせていません。朝も仕事から帰ってきても、台所に入ったら30分で炊きたてご飯です。

PROFILE DATA

▼住まい、年代、仕事、家族、趣味特技
横浜／30代／会社員／夫、自分、長女11歳、長男5歳／家いじり、パン・お菓子作り

▼好きな家事
台所仕事です。

▼苦手な家事
お風呂の掃除。家族がよく入るのでタイミングが難しいです。

▼家事関連でやりたいこと
ガーデニングなどの植物関係。

▼家事についての心がけ
無理をしない。余計なことをし過ぎない。人を信用して頼る。何でも楽しみながらやりたい。小さなことは気にしない。ひと品多く作ることより、その場を一緒に楽しむことを大切にしています。

▼掃除や片付けについての心がけ
やり過ぎないこと。基本は〝ながら掃除〟。食洗機や洗濯機をフル活用。手仕事は心地よいものは手で行ったり、ほうきを使います。

▼家事について変えてよかったこと
大きなオーブンと電子レンジを人に譲ったら身の丈以上のパンやお菓子作りをしなくなりました。家族4人でその日のうちに食べるほどよい量を、無理なく作る流れができるようになりました。

▼掃除や片付けについて、ご家族やお友達などから影響を受けていますか？
母親が片付け魔の捨て魔だったので、受け継いでいる面もありますが、自分はもう少しおおらかな家事を目指しています。

上／蒸篭で蒸し野菜が簡単においしく作れます。　下／蒸しパンをパカッと割るには強火で。割らずに丸くしたいときは中火にします。お砂糖は結構な量ですがお好みの量で。でも素朴なぶん甘い方がおいしいです。

蒸籠《せいろ》でラク家事

蒸籠（せいろ）は大活躍です。野菜を炒めたり煮たりが、ちょっと面倒だなぁと思うとき、葉物野菜のいろいろが余ってしまうときには洗った野菜をそのまま蒸籠に。鍋でもフライパンでも適当にサイズの合う鍋に乗せて、蒸し上がったら、塩でもドレッシングでもポン酢でも。オススメは「ろく助旨塩」です。

温かくても冷たくてもおいしい、娘が大好物の蒸しパンをよく作ります。

【材料】薄力粉200g、砂糖（きび糖）100g、塩少々、ベーキングパウダー10g、卵1個（我が家はL玉）、水100g、ごま油（太白胡麻油）10g

【作り方】①粉ものを泡だて器やお箸などでガーッと混ぜ合わせ、卵・水・油を入れてさらに混ぜます。②ぐらぐらに沸かしておいたお湯の上に蒸籠を乗せて強火で約15分。竹串をぶすっと刺して、何もついてこなければ完成。

強火での加熱がポイントです。パカッと割れて蒸しパンに花が咲きます。

PROFILE DATA

▼掃除についておっくうなこと

ゴミ出し。ゴミ捨て場までちょっと距離があるので……。

▼掃除や片付けの工夫

やらなくても問題ないこと（自分の中で）はやりません。やらないことを増やしていくことで、自分がやりたいことを優先できるようになりました。洗濯物（子どものパンツや靴下、肌着類はたたまない）、食器洗いは食洗機、2階はルンバに任せる。リビングスペースは少なく、ダイニングキッチンを広く優先など。反面、お気に入りのリネンにはしっかりアイロンをかけて、好きなおやつを作ったりしています。

▼献立はどのように決めますか

夜の食事は、汁物、野菜を蒸したもの、肉をソテーしたもの、あと香の物やぬか漬けなど、この4つをベースに、肉や野菜の内容を変化させてメニューを考えています。あとは晩酌のお酒です。また、お休みの日には主人が挑戦したい料理を動画サイトなどを見ながら実践してくれることもあります。仕事のある日の朝には、私しかキッチンに立たないので、（夕食の下ごしらえもしながら）自分が食べたいものを朝食で作っています。残ったものはお昼のお弁当や夕食にシフトさせています。

台所仕事が好きです

台所仕事が好きです。創作の場として、思いついたことをすぐに実行でき、家族からの反応が返ってくるからです。無理はせず、自分が食べたいものを作りますが、家族のために、同じ食材でも使う道具で、煮る・蒸す・揚げる・焼くなど、調理方法と味付けに変化を出すよう心がけています。

そして良い調味料を使うこと。あまり手を加えなくても、素材本来のおいしさと調味料の力でおいしくなると思います。

また、食卓の雰囲気は大切にしています。暑い日はガラスの容器で涼しさを出したり、季節の花や枝もので季節感を感じられるように。寒い日は卓上で鉄瓶でお湯を沸かしたり（いろり気分）、ランタンをともしたりして楽しんでいます。

台所仕事を楽しくしてくれる道具たち。

シンクは清潔に保つように心がけています

家事はやり過ぎないようにしていますが、水廻りはしっかりと清潔感を保つことを心がけています。キッチンのシンクは毎日朝夕、洗い上げます。洗い物は頼れる食洗機や洗濯機をフル活用。そして、朝夕のガスコンロ、ゴトクの拭き上げは欠かしません。

このシンクは、como社のカラーステンレスシンクですが食器を傷めないので助かります。そして掃除が楽です。

シンクは朝夕、洗い上げています。

PROFILE DATA

▼お料理についての影響を受けた人

とても節約家の母でした。あまり外食はなく、いろいろなものを手作りしてくれましたが、世の中にあるその料理とだいぶかけ離れていることも多かったです。基本的には、手の込んだものではなく、素材そのままを調理するものが多かったように思います。生姜焼きとか、から揚げとか、魚の干物とか。家で仕事をしながら育ててくれたので忙しい母でした。お菓子などは作る人ではなかったので、そこはそんなお母さんに憧れていて、今がある気もします。

▼お料理について苦手なこと

料理に関しては、凝った料理は苦手（テリーヌとか、キッシュとか）です。凝ったものは外で食べたほうが絶対においしいと思うので……。

▼お料理について楽しんでいること

料理が得意というより、そのものをアレンジして、楽しくみせることを心がけています。食べることが楽しくなるようなしかけや工夫もしています（長女の食が細いので、そこからスタート）。家で映画館ごっこや、敷物をしいてオウチピクニックをしたり、桜をかざってお花見をしたり、レストラン・居酒屋さんごっこをしたり必死です……。

▼今後チャレンジしていきたい献立

ザ昭和の家庭料理を、しっかりと作って、我が家の味にしていきたいです（肉じゃがとか、コロッケとか、魚の煮つけとか、シンプルだけど、実は奥深い料理）。

台所も衣替えしました

気持ちがいいお天気なので、いったん全部撤収させて水拭きからのえごま油をヌリヌリ。道具を戻すときは本当に必要なのか、直感で判断して戻します。

季節の変わり目は、台所も衣替え。私なりの気分転換方法です。全てを取っ払ってみると、あれ？　いらないよね。っていうものが結構あります。

我が家のキッチンの高さは86センチ。ちょっと高いかなあ？　と思っていましたが、洗い物で腰を曲げなくていいし、何か切っているときは作業しやすい。作業台は少し高いほうが使いやすいです。しかし、ガスコンロは五徳の分だけ、高さがもち上がるので、圧力鍋でよく火傷をします。そこでガスコンロの下に、約4センチの台を敷いて作業時はそこに乗ることで、目線と手元が上がり、掃除も作業もしやすくなりました。

上／コンロ専用踏み台。下／物は撤収。

勝手口のある暮らし

窓から入る空気と朝日が好きで、勝手口を開けて家事をしています。

キッチンにはスリット窓と、勝手口はどうしても欲しかったので、住まい作りのときに、設計の方にお願いしました。

たまに悩みを母に相談すると、ハッとする言葉をもらえます。「紆余曲折、いろいろなカーブがあって、また直線になる。まだまだ直線のテープ切る時期じゃないと思うと、気が楽カモヨー」。ありがたい言葉。メールの短文に詰められた思いをかみしめます。

勝手口から新鮮な空気が入ってきてとても気持ちがいいです。

PROFILE DATA

▼理想の暮らし

午前中から昼までは、ずーっと台所で何かをしていたい。本をひたすら読んで、夜はつまみと一緒に晩酌を楽しむ。家が好きなので、できる限り家でゆっくり過ごしたいです。ダイニングと台所の窓から四季を感じられる自然が見える場所に住みたいです。

▼理想の暮らしに近づけるための工夫

自分でできる範囲で、自然を感じられる工夫をしています。ダイニングからは季節の植物を見られるよう、植栽を依頼したり、台所でも季節を感じられるように果物や野菜、少しのお花をさりげなく飾ったりしています。

▼暮らしを楽しむために、大切にしていること

朝の時間はとにかく、自分のために楽しんでいます。朝、何をしようかなぁと考えたり、組み立てている時間も好き。家族でそろってご飯を食べられる時間が限られているので、集まる時間を大切にしています。本当は毎日おやつもご飯も作りたいですが、仕事もあるので欲張らないように注意しています。

キッチンでアイロンがけ

よい天気、アイロンがけも気持ちいい　BYガサコ（笑）。場所を選ばす大胆な家事を繰り広げる私です。アイロンマット代わりに、洗いたての普通のキッチンマットを使っています。重くて場所を取るアイロン台をやめたらお手軽になりました。ハンカチや襟元など、気軽にかけたいときにも便利です。

アイロン台をやめて、キッチンで手軽にかけています。

「パックのまま冷凍」が結局長続きしています

冷凍庫収納。ラップに包んだり、ジッパー付き袋に入れ替えたり、重ねてラベリングしたり。ありとあらゆる収納テクニックを試しました。そのときは満足感いっぱいなんですが、少し生活に余裕がなくなると無法地帯……。結果として、パックのまま冷凍するのがいちばん続いています。量も日付も、何のお肉かもわかるし、トレーはまな板がわりや、仮置き場にもなる。収納って、テンションが落ちているときにも、やり切れるか？　ってことが大切ですよね。

あらゆる収納テクニックを試しましたが、パックのまま冷凍がいちばんです。

05

yoriさん

yori

掃除をして気持ちをリセットします

キッチンを整理しました。どんなものにも置き場所・しまう場所を作っています。

Instagram
「@yori0515」

きれいに部屋が整っているのを見ると気分もすっきりするので、イライラするときは掃除をして気持ちをリセットします。

どんなものにも置き場所・しまう場所を作り、今は特に子どものものが増えるので、半年に1回、本人たちに必要なものと不要なものを分けてもらい、納得の上処分しています。「とりあえずの箱」を用意して入らなくなったら整理です。

「1年間使わなかったものはこの先99%使わない」がモットー。子どもたちにもそう言って春休みにはおもちゃ部屋の整理をさせるのだけど、先日、飾ってある「イッタラ」のキャンドルホルダー「Kivi」を指差してこれは何に使うの？ と聞かれて焦りました。使ってますよ(笑)。

上／北欧家具が好きです。ずっと使っていけるものを選んでいます。　下／お気に入りのキャンドルホルダー「Kivi」。久しぶりに灯しました。

上／娘が大喜びしてくれた手まり寿司。　下／キウイのシロップでかき氷。

季節の行事を楽しみます

子どもの頃からお祝いごとや季節の行事はちゃんとしている家だったので、結婚してから私も自然とするようになりました。子どもと一緒に食事やデザートを作って、大きくなったときに少しでも記憶に残るといいなぁと思います。

ひなまつりに作った手まり寿司は、簡単、とInstagramで見たけれど……材料を揃えて、3合分を握るのは大変でした！　そして食べるのは一瞬。それでもいいんです。娘が大喜びしてくれて、かわいい！　かわいい！と言ってくれて報われました。このとき酢飯に使ったのは、「三ツ判山吹」というお酢で、これがおいしいのです。自分で合わせ酢を作ると砂糖の量に驚くけれど、コレはお酢と塩だけでいい。山吹という名前の通りご飯も赤みのある黄色になりますがおすすめです。

PROFILE DATA

▶住まい、年代、仕事、家族、趣味
愛知県名古屋市／30代／医療関係のパート／夫、自分、長女8歳、長男5歳／読書

▶特技

▶好きな家事
掃除・整理整頓

▶苦手な家事
洗濯物をたたむこと

▶家事について、以前と変わったこと
パートを始める前までは家事全般は私の仕事だから！と思っていたけれど、朝が早いこともあり、今は夫に協力してもらっています。それまでは家事をお願いすることを口に出して言えなかったので、一人でイライラしていましたが、今は気が楽になりました。今では朝の掃除機がけは夫の仕事です。

▶家事関連でそのうち挑戦したいこと
DIY

▶家事についての心がけ
面倒になったり、疲れているときは遠慮なく夫に協力をお願いして、子どもにも手伝ってもらって自分一人で頑張らないようにしています。

▶献立についての工夫
帰りの遅い夫の希望で、彼の夕食は具沢山スープのみ。そのため和洋中、たまにアジアンスープなど飽きないように毎日違うテイストにするようにしています。私と子どもは普通に夕食を食べますが、忙しくておかずがひと品少なくても、具沢山スープがあるので、まぁいいかと思えるようになりました。

上／梅酒は去年の倍量仕込みました。　下／いちごシロップと、ベリージンジャーシロップ（新しょうがと冷凍ベリーミックスにスパイスを合わせたもの）を作りました。

梅シロップと梅醤油を作りました

今年の梅仕事は、梅シロップと梅醤油です。色がきれいなパープルクィーンという品種を使ってみました。風味も違っておいしいらしい。

今年の梅シロップは、黒糖で漬けてみたので、待ち遠しくてなりません。去年作った梅酒は、1年寝かせるつもりだったのに、ほとんど飲んでしまいました。今年は、去年の倍、4リットルを2瓶仕込みました。一つは寝かせるためのもの。絶対手をつけないと決めています。

梅醤油は、梅と昆布とお醤油で漬けこみます。醤油だけでもいいようで、梅が浮かないように昆布で蓋をします。出来上がりは味を見ながら好みの酸味になったら梅を取り出します。麺つゆと合わせて素麺にかけて食べたいです。

PROFILE DATA

▼お料理について苦手なこと
炒め物。コンロ周りが汚れることを考えてしまって思い切りできません。

▼お料理について楽しんでいること
お菓子作り

▼今後チャレンジしていきたい台所仕事
梅干し作り。梅酒や梅ジュースまでは作りますが、なかなかできないことの一つです。子どもの頃、おばあちゃんと作ったのを思い出します

▼理想の暮らしはどんなものですか
毎日平穏で笑っていられること。

▼理想の暮らしに近づけるための工夫
朝食は家族揃って食べるというルールにすることで、みんなで話ができる時間を作るようにしています。

▼暮らしを楽しむために、大切にしていること
毎日最低1時間は自分だけの時間を作る。パートから帰って子どもが帰ってくるまでの時間がいちばんホッとする時間なので、本を読んだりInstagram用の写真を撮ったり、一人時間を楽しんでいます。子どもが帰ってくると習い事の送り迎えから就寝までかなりバタバタしますが、自分の時間を少し持つだけで気持ちに余裕ができます。

▼「丁寧な暮らし」という言葉、生活について
実際には毎日バタバタして〝丁寧な暮らし〟にはまだまだ程遠いですが、Instagramで見る素敵な方々の暮らしを見ながら、いつかそうなれるといいなぁと思っています。

毎日コーヒーは欠かせません

朝食は全員一緒に食べるのが我が家のルール。夫婦揃って毎日コーヒーが欠かせないので、特に忙しい朝にはデロンギの豆から挽いてくれる全自動コーヒーメーカーがとても助かっています。丁寧にハンドドリップするのもいいけれど、忙しいときは機械に頼るのも余裕ができていいです。

上／時間があるときは、ネルドリップ。　下／デロンギのエスプレッソマシーンが活躍中。

子どもと一緒にお菓子作り

食事を作るよりもお菓子を作るのが好きなので、子どもと一緒に作ったりして楽しんでいます。朝食後には、デザート・タイムです。みんなでいつもお菓子やスイーツも食べています。

上／さくらんぼのカキ氷。いただきもののさくらんぼをシロップ漬けにしてのせました。アイスはいちごです。　左下／息子と作ったクランベリーシフォン。　右下／さくらんぼゼリー。私の中でゼリーはカロリー・ゼロ（笑）。

朝起きたらすぐに窓を開けて空気の入れ換えをします。

06

津田麻美さん

tsuda asami

新鮮な空気と水の入れ換えで気持ちがさっぱりします

Instagram
「@asamiiimasa」

いろいろな実を飾りました。ヒバ、ブラックベリー、姫リンゴ、ブルーベリー。植物の水換えが好きです。

空

気の入れ換えと花の水換えが好きな家事です。新鮮な空気や水を入れ換えることは流れを良くすること。気持ちがさっぱりするので好きです。そのあと精油を使って気分転換もしています。

家の換気をきちんとするというのは父から、花のお世話の方法は母から教わりました。子どもの頃はめんどくさかったことですが、そうした教えのおかげで今は気持ちよく暮らせているのだと思います。

食器の量はこれが適正だと思いますが、今後は質の良いものを長く使いたいと思っています。

適正な量と質を見極めたい

家の中全部に言えることですが、物の適正な量と質を見極めるのが難しいです。量はこれで適正と思っていますが、質に満足してないから最近はここを見直ししています。以前は、割れてもいつでも買い足せるように手軽なものを買うことも多かったけれど、今はそういう気持ちが変わってきました。

左／洗面所は清潔に。ティーツリーとラベンダーオイルを活用しています。　右／調味料収納の見直し。やりたいと思ったとき行動に移すことを繰り返して、家の中に嫌なところがないようにしています。

PROFILE DATA

▼住まい、年代、仕事、家族、趣味特技
横浜市／パート／夫、自分、長女、次女／一人で出掛けること

▼好きな家事
空気の入れ換え、花の水換え

▼苦手な家事
冷蔵庫の収納。いろいろな食材があって位置が定まらず、その度に移動させないといけないのでもっと大きな冷蔵庫が欲しいです。

▼家事について大切にしていること
私と家族が健康で心豊かにご機嫌に暮らすこと。妻であり母である「私」を後回しにしがちですが、家を守る私が機嫌よく過ごしているかで家族に与える影響は大きいと思うので、私も家族も大切にしたいと思ってます。

▼食についてのこだわり
夫の仕事が不規則なので、時間帯によってメニューを考え、リクエストを聞いて準備します。

▼お料理について好きなこと
甘いものが好きなのでおやつを手作りしています。娘たちも喜んでくれます。

▼家事関連で挑戦したいこと
美味しいご飯を毎日、火で炊くこと。パンを焼くこと。

▼今後作りたい献立
おせち料理。毎年母任せなので、そろそろ作れるようになりたいです。母は、梅干しや味噌まで手作りする人で、「あなたも子育てが落ちついたら、いつかやりたくなるときが来るわよ」と言っていました。

階段は洗濯物の一時置き場

たたんだ洗濯物をポンと入れて2階に運ぶまでここに置きます。

たたんだ洗濯物をマルチバスケット「バルコロール」に入れて、階段に置いています。そのまま持ち運べるので各自の部屋に持っていってもらうようにしたら楽になりました。バルコロールは素材が柔らかく持ち手がロープになっているのでバッグのように持つことができ、運ぶのに便利で気に入ってます。

朝ご飯はトレーにのせて

トレーのおかげで配膳が楽になりました。

遅く起きてくる家族の朝ご飯をスタンバイ。朝も昼も夜もこの無印良品のトレーにのせてテーブルまで運んでもらうようにしたら効率的で配膳が楽になりました。ご飯できたよーが合図です。お盆にのせて何度も行ったり来たりしなくていいのでキッチンの入り口で人が詰まることがなくなりました。

最近大切にしている物は器。作家さんのものや手作りのものを使って、お茶時間を楽しんでいます。

PROFILE DATA

▶食に関しておすすめしたいもの

最近エスプレッソマシンを買いました。朝の楽しみになったし、おいしいコーヒーのことをもっと知りたいと意欲がわきました。デロンギの「デディカ」という製品ですが、幅が15センチほどで、うちの狭いキッチンにも置くことができて嬉しかったです。

▶掃除でいつもやること

掃除のあと手をパチパチ叩いて部屋を浄化させています。いつかどこかで知った風水ですが、これも気持ちがすっきりするので必ずやっています。

▶掃除や片付けについてのマイルール

出掛ける前と寝る前のリセット。年末と学年末の家中の物の見直し。年末は主にLDKを。学年末には子ども部屋や寝室を。

▶掃除や片付けで苦手なこと

しいて言えばお風呂掃除。1日の疲れをとり、リフレッシュするための入浴だと思うので、入ったついでに掃除ということはしていません。汚れに気がついても、明日の朝にと先送りしてることになるのかなと思います。

▶住まい関連で楽しんでいること

DIYが好きで、自分好みになるよう、楽しみながらペンキを塗ったり棚を取り付けたりしています。

お弁当は前の日の夜に仕込みます

朝が苦手なのでお弁当作りは前の日の夜に仕込んでおくことにしています。おかずの品数は多くありませんが、栄養の合言葉「まごわやさしい」を意識してバランス良く野菜が多めのメニューにしています。

柄は、左から、蓮根、豆、魚、ぶどうです。

欲しかったランプを取り付けました。

出掛ける前と寝る前にリセット

出掛ける前と寝る前のリセットは毎日欠かさずやっています。クッションやリモコンを元の位置に戻したり、フローリングワイパーでほこりをとって、キレイな状態にしています。そうすることで、起きたとき、帰ってきたときすぐに家事にとりかかれます。

私の仕事は歯科衛生士です。使った物を元の位置に戻したり清潔にしておくことはいつものことなので結婚してからずっと普通にやってきましたが、どうやら仕事柄のようで友人に感心してもらえます。

PROFILE DATA

▼理想の暮らしはどんなものですか

五感を使う豊かな暮らし。物があるから豊かなのではなく、五感を活かして自分らしく暮らしていきたいと思っています。そのために季節を感じたり古い物をメンテナンスしたり。センスを磨いていきたいです。物とも縁で繋がると思うので、自分を磨いていい物と素敵な方々と繋がりたいです。

▼暮らしを楽しむために大切にしている時間

刺激と癒しの時間。一人で出掛けることを楽しんでいますがそれは刺激になってます。そればかりでは疲れてしまうと思うので家ではアロマや足湯で癒されたり家族とゆっくりゴロゴロしたりもします。

▼「丁寧な暮らし」とは

日々を大切にすることだと思います。そして自分や家族を大切にすること。家を見ればその人がわかると良く言いますが、その通りだなと思います。心豊かに暮らしていくために家を整えて、10年後の暮らしのために今日を丁寧に。

彩りのあるキッチンが好きです。

花があるとお部屋がパッと明るくなります。

07

takakoさん

takako

彩りのあるキッチンを目指しています

Instagram
「@taka0taka0taka0」

キッチンに立つのが好きです。自分色の彩りがあるキッチンを目指して、明るい色の調理器具を選んでいます。

キッチンの飾り棚に、インテリアも兼ねる調理器具を並べて『みせる収納』にしています。棚をいつもきれいにする習慣がつき、とても気に入っています。

飾り棚は、設計士さんに重い鍋を置くことを伝えて作ってもらったものです。オークの無垢材で厚みは3センチ、奥行きは27センチです。

引き出し収納を見直しました

キッチンの引き出し収納を見直しました。ずらりと並んだお気に入りの食器を見ると笑顔になってしまいます。マグカップ類は引き出し収納が使いやすくて気に入っています。

最近は収納のことを考えるとウズウズするので(笑)、整理収納アドバイザーの資格に興味があります。

集めた北欧食器や、作家さんの器を使いたいがために料理するというくらいです。器のおかげでモチベーションもアップします。

上／マグは二個セットで買います。毎日アレコレ使って楽しんでいます。下／黄色い器は伊藤聡信さんのもの。右は清岡幸道さん、下の粉引きのお皿は加藤祥孝さん。その右は小澤基晴さんの作品です。

PROFILE DATA

▶住まい、年代、仕事、家族、趣味、特技

愛知県、名古屋市／40歳／専業主婦／夫、自分、長男1歳／料理、自己流スワッグ作り、美容師歴20年なので、カット！

▶苦手な家事

洗濯物干し。冬は寒くて、夏は暑いので……。

▶家事についての心がけ

料理、洗濯、掃除全ての家事は、最近もうすぐ2歳になる息子も参加してくれるので、ゆっくりゆったりですが楽しく丁寧にを心がけてやっています。

▶掃除や片付けについて、心がけていること

キッチンの水栓は、気付いた時にハイホームでピカピカにして、キッチンに立った時のモチベーションをあげています。

▶掃除で苦手なこと

幅木のお手入れが……地味に頻繁に汚れ、掃除も中腰なので苦手です。

▶食についてのこだわり

子どもと一緒に食べられる、体に優しい食事。

▶今後チャレンジしていきたいもの

子どものおやつをもっといろいろ作れるようになりたいです。おいしいプリンを作れるようになりたいです。

料理を息子と楽しんでいます

料理が好きです。自分も食いしん坊なのと、おいしく食べてくれる家族がいるので。好きな器に盛り付ける楽しさもあります。

最近ではもうすぐ2歳になる息子が参加してくれるようになったので、ゆっくりゆったりですが「楽しく丁寧に」を心がけてやっています。

買い出し日が火曜日なので、火曜日に冷蔵庫の食材で1週間分の大体の献立を決めてメモにしています。日によってひと品追加したり、アレンジしたり、この方法にしてから食材を上手に使いこなせるようになりました。

母が喫茶店を営んでいたので、料理好きは影響を受けていると思います。料理をするのがおっくうなときは、実家が近いのでいつもお邪魔して、何かおかずをもらっています（笑）。

上／もうすぐ2歳の息子と一緒に料理を楽しんでいます。　中／マリメッコのペーパーナプキンで、カラフルランチ。　下／スープカップ（右のスープが入っている器）は清岡幸道さんの個展で購入。軽くて程よい大きさ、優しい色合いで、ずっと眺めていられるくらいお気に入り。

PROFILE DATA

▼理想の暮らしはどんなものですか

居心地のよい家、家族が笑顔で過ごせる空間、一生大切にできるモノに囲まれた暮らし

▼理想の暮らしに近づけるため心がけていること

無理をしない、イライラしない、時には実用性のないインテリア（絵や置物）にもお金をかけたいです。

▼暮らしを楽しむために、大切にしている時間

2歳間近の息子が、毎日一緒にキッチンに立ってくれるので、簡単なお仕事を任せて料理を通してコミュニケーションをとってお互いに楽しんでいます。

▼「丁寧な暮らし」という言葉、生活について、思うことがありましたら教えてください

上を見たらきりがないので、自分にできる範囲の、自分に合った生活スタイルが、人から見て「丁寧な暮らしだなぁ」と少しでも思ってもらえたら嬉しいですね！

我が家でいちばんの贅沢空間

私が美容師ということもあり、家に家族のカットができる部屋を作りました。小さい一室に椅子とシャンプー台があるだけですが、家族を一生私がカットできる部屋で、作ってよかったスペースです。我が家でいちばんの贅沢空間、家を建てるときにワガママ言わせてもらいました。

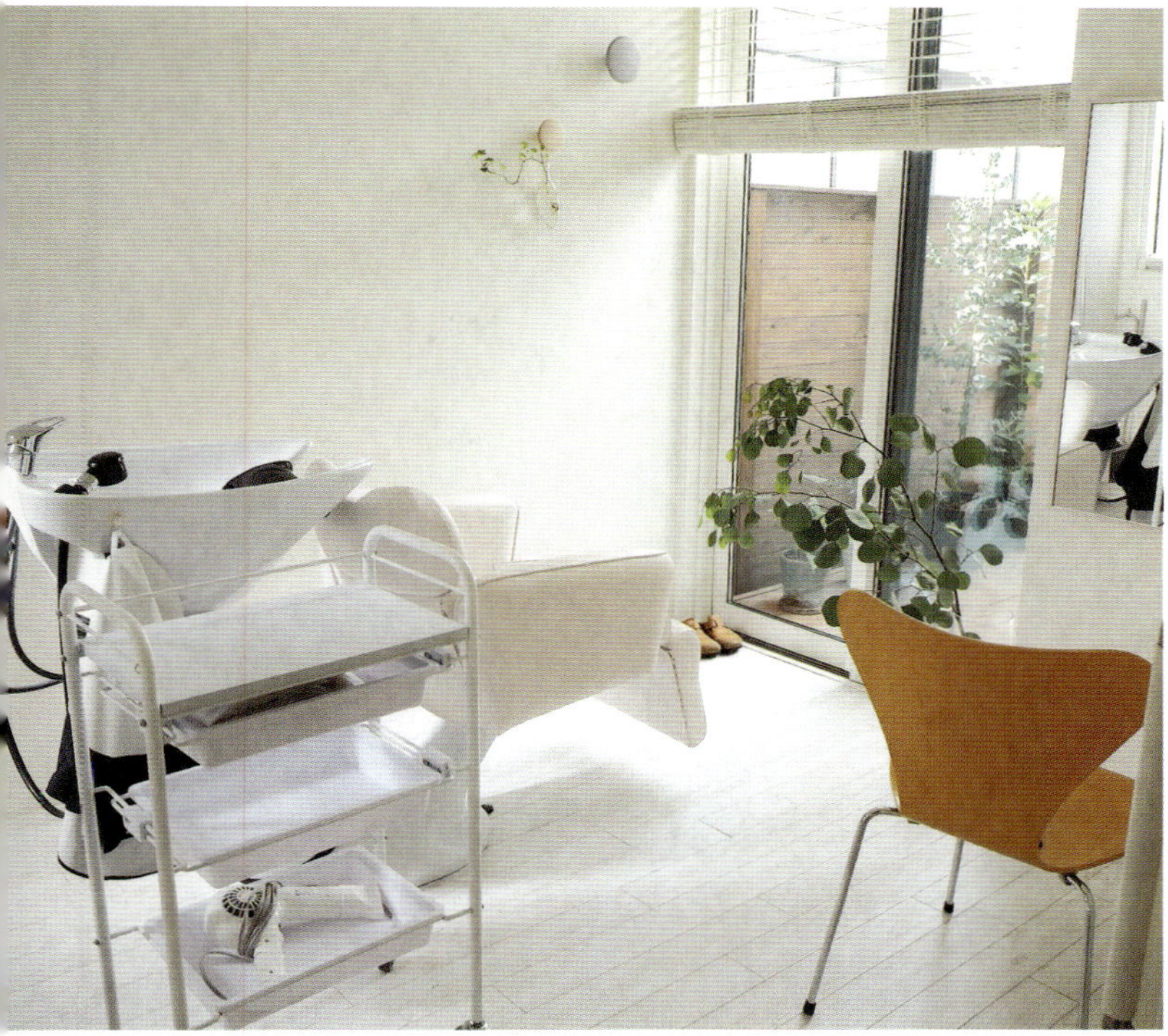

家族を一生私がカットできる部屋です。

ラバーゼの揚げ鍋がお気に入り

最近購入した、ラバーゼの揚げ鍋はとてもオススメです。油はねを防ぐオイルスクリーンと、一気に油切りができる網がセットになっていて、劇的に揚げ物がおいしくなりました。この鍋は、油はね防止ネットと揚げかごが一緒になってて、油はねもしないし、一度に入れて、同時に出せるので、揚げ物がストレスなしでできるんです。私が使っているのは、22センチの小さいほうですが、深さがあるので、結構たくさん揚げられます。この鍋のお陰で揚げ物が楽しいです。

この鍋にしてからの揚げ物は、旦那さんもいつもおいしいと言ってくれます。

08

tongariさん

tongari

すぐそばにあるモノを大切だと思える暮らし

リビングの吹き抜けに朝日が入ってきます。

Instagram
「@tongarihouse」

私が丁寧な暮らしを心がけるようになったきっかけは、私自身これまで、そういった暮らしから程遠い生活をしていた、という経験からです。時間に追われて生活が荒れ、身体も心も壊してしまいました。そんな生活と環境を見直し、丁寧に暮らすことを心がけたら、全てが解決しました。

理想の暮らしは、陽を浴びて、風を感じてしっかり土を踏む。毎日ちゃんと空を見上げる。そんな暮らしです。都会にいて見すごしていた、「当たり前の日々が大切」ということを、鎌倉移住を機に気がつきました。すぐそばにあるモノを大切だと思える暮らしが理想です。

上／自然の中に溶け込めるような暮らしがしたいので、外からの視線が気になる窓以外、カーテンはありません。　下／モノは少ないほうです。掃除嫌いの結果ミニマムな暮らしになっています。

気に入ったものしかそばに置かない方針です

キッチンは毎日使うところ。しかもオープンキッチンなので、自然ときれいにしようと心がけています。出した物は使ったら戻すようにしています。

そして私は気に入ったものしかそばに置きたくないので、結果として物が少ないです。最近まで、オーブンレンジも電子レンジもありませんでした。年末にバルミューダのレンジが来てからはご飯の準備がラクすぎ、と感じるくらいです（笑）。

時折、ホームパーティを楽しんでいます。本を読んで感銘を受けたケータリング「MOMOE」の稲垣晴代さんのお料理を参考にして作りました。

PROFILE DATA

▼住まい、年代、仕事、家族、趣味特技

鎌倉市／34歳／自営業／夫、猫（猫のとんがり）／ドライブ、園芸

▼好きな家事

ご飯作り

▼食についてのこだわり

鎌倉野菜や湘南や三浦半島の地元食材を使うようにしています。旬のものを旬の間にしっかり食べる、というマイルールで献立を決めています。

▼苦手な家事

整理整頓とお掃除。鎌倉移住を機に心と身体の余裕ができ、時間の使い方が上手くなりました。身の回りを落ち着いて整えられるようになって、自然とお掃除と整理整頓が少しずつできるようになった気がします。

▼住まいに関しての工夫

植物はほとんど、ハンギングで育てているので、掃除が楽です。

▼家事についての心がけ

私は兼業主婦ですが、「仕事も家事も完璧に両立させる」という使命感はあまりないです。「やらなくちゃいけない」というのは負担になるから。「人生をどう豊かに過ごすか」「どう人生を楽しく過ごすか」を考え、家事も人生を豊かにする方法の一部だと思っています。

▼暮らしを楽しむ工夫

時計が家の中に一つもありません。家で過ごすときは、時間の縛りをなくして過ごしたい。という気持ちであえて置いていません。

09

MICHIKOさん

michiko

家族が集まる薪ストーブがある暮らし

Instagram
「@___mw.72」

薪ストーブの炎に癒やされています。

家を建てるときに薪ストーブを導入しました。薪の準備や煙突掃除などのメンテナンスが必要なので大変だと思っていましたが、薪ストーブの暖かさやストーブに集まる家族との時間が増えて暮らしが豊かになり、大変さも楽しめるようになってきました。

薪ストーブがあることで家中どこにいても家が暖かく、炎に癒され自然と家族が集まり、また、薪ストーブで肉やピザを焼いたり焼き芋をしたり、友人たちを招いて薪ストーブ料理をしたりして楽しんでいます。

また、家を建てたことにより、苦手な洗濯がスムーズにできるような動線にしました。お風呂場、洗濯、物干し、たたむ、アイロン、しまう、の流れを一つの場所にすることでとても楽になりました。

苦手な洗濯が、以前よりラクになりました。

家族の喜ぶ料理やおやつ作りを楽しんでいます

家族みんな、食べることが大好きなので家族が喜ぶ料理やおやつを作るのが好きです。「このお皿にはこんなものを盛り付けたいなぁ」といつも想像しながら自分の気に入ってる器に盛り付けて料理を作るモチベーションを上げています。

平日の朝食は和食が中心ですが、休みの日には子どもたちが喜ぶように遊び心を取り入れたパンケーキやトーストなどにして、長女にコーヒーを淹れてもらうことが習慣になってきました。

最近、子どもたちと一緒に作るということを少しずつ始めました。将来、娘達と並んでキッチンに立ちたいと思っています。

上／家族の喜ぶ料理を作るのが好きです。　中段左／休みの日には子どもが喜ぶように遊び心を取り入れた朝食を作ります。　中段右／自分たちで作ったおやつ。世界一おいしい！ と言って食べていました。　左／長女にコーヒーを淹れてもらうことが習慣になってきました。

PROFILE DATA

▼住まい、年代、仕事、家族、趣味特技
岡山県／30代／医療専門職（視能訓練士）／夫、自分、長女9歳、次女6歳、長男4歳／お菓子作り

▼好きな家事
料理やお菓子を作ること

▼苦手な家事
洗濯。家族が多いこともあって終わりがみえない。

▼家事についての心がけ
明日の自分と家族が気持ちよく暮らせるように、という気持ちをいつも持ってやっていると、そのときやっていることが楽になります。

▼お料理について影響を受けた人
友人から教えてもらった「先取り家事」をしています。前日の夜に翌日の朝ご飯の下ごしらえをし、朝食時にはその夜の分を準備して、気持ちを楽にしています。

▼理想の暮らし
自分と家族が好きな物や人に囲まれて暮らしていけたらいいなと思っています。友人たちにいつでも寄ってもらえるよう、片付けておくようにしています。

▼大切にしている時間
夫は仕事で不在のことも多いのですが、子どもたちが寝た後は必ず夫がコーヒーを淹れてくれて、話す時間をとっています。

▼「丁寧な暮らし」について
特に意識はしていません。自分は自分らしく自分なりに、毎日を楽しく暮らしていけたらいいなと思っています。

10

lilasさん

lilas

賃貸でも家に合わせた収納を工夫して楽しく

Instagram
「@lilasfleur」

転勤族なので、各地を転々としいろいろな家に住んできました。その都度、悩みもあきらめることも多いのですが、家に合わせて収納を考えたり工夫したり、インテリアを考えるのは楽しいです。身軽でいるために物は極力少なく。転勤族だからこそ楽しめることもあるので、今を楽しみたいです。

子どもの長い休みなどの区切りに合わせて、家中の掃除や片付けをします。このときに収納や物を見直し、ちょっとした模様替えをします。気持ちをリセットできて、何が必要かを把握できるので、最近は恒例になっています。あとは、この状態を保てるように日々こまめにできればいいと分かってはいるのですが……結局ため込んでは片付けるの繰り返しです。

上／掃除をすると気持ちもすっきりします。　中段左／オープン棚をこんなふうに飾ったりできることに子どもの成長を感じます。　中段右／隣の和室から見たリビング。テーブルの上にはなるべく物を置きっぱなしにしないようにしています。これを維持するのが難しいのです。　左下／キッチンが狭いので、なるべくすっきりさせておきたいと思っています。

コーヒーと
おやつの時間。
花に触れることを
大切に

毎日バタバタで「丁寧な暮らし」とは程遠いですが、ちゃんと食べてちゃんと寝て、家族や自分が満たされたり、心地よいと思えることや時間を、ちょっとでも見つけて楽しめれば、それでいいかなと思っています。

最近はコーヒーとおやつの時間、花に触れることを大切にしています。子どもが小さい頃はあまり余裕がなかったのですが、音楽を聴いたり映画を観ることも最近楽しめるようになりました。

上／コーヒーをミルで挽いて淹れて、焼き菓子を。大切な器で楽しみます。　中段左／白崎裕子さんのレシピで、スコーン。クロテッドクリームとブルーベリージャム。　中段右／和歌山産の減農薬の梅で、梅酒と梅シロップを少量ずつ。楽しくなってきて、コーヒー酒（豆のままお好みのお酒に氷砂糖と漬けるだけ）とブルーベリー酢も仕込みました。下／紫陽花とユーカリ。香りに癒されます。

PROFILE DATA

▼住まい、年代、仕事、家族、趣味特技

大阪／花と器のwebshopを運営／夫、自分、長女9歳、長男7歳／家族でキャンプ

▼好きな家事

強いて言うなら……片付けです。いろいろなことにやる気が出て、作業効率も良くなる気がします。

▼苦手な家事

洗濯。干すのもたたむのも苦手。

▼家事についての心がけ

朝、家族をバタバタと送り出したあと、ほっとしてソファにでも座ろうものならしばらくだらけて動けなくなるので、送り出した勢いのままテレビをすぐに消して、朝家事に取り掛かるようにしています。家で仕事をしていることもあり、何時までに家事を終わらせて何時から就業、と自分で時間を決めて動くように心がけています。

▼掃除や片付けについての心がけ

子どもがハウスダストアレルギーなので日々の掃除や布団の掃除機がけだけは何とか頑張っています。

▼献立はどのように決めますか

週1回の買い出し前に、おおまかな1週間の献立を考えています。

▼お料理で楽しんでいること

毎週金曜日は待ちに待った晩酌の日なので、おつまみを1～2品作って楽しみます。その日ばかりは料理が楽しくて仕方ありません。

▼理想の暮らしはどんなものです

転勤族なので、いつか好きな場所で好きな家に、落ち着いて暮らすのが夢です。

11

naoonさん

naoon

花のある暮らしが我が家のスタイルです

Instagram
「@naos70」

毎晩、寝る前にリビングを片付けるようにしています。リビングははなるべくすっきり、きれいが保てるように心がけていますが、休日は娘のものがとてつもなく散乱してしまうので、終わったらもとの場所へ私も一緒にお手伝いして片付けさせるようにしています。翌朝、すっきりしていると1日のスタートがとても気持ちよくできるような気にもなります。

どんどんインテリアのスタイルも変わり、今は花のある暮らしが我が家の主流です。元々グリーン好きだったのですが、さらに生花を加えシンプル過ぎないシンプルさを好んでいます。生花は短命ですが、短命ながらの素敵な空間を楽しんでます。

上／朝、リビングがすっきりしていると1日のスタートがとても気持ちよくできます。　左下／悩んで悩んで、観葉植物フィカスを購入。下のほうにも葉っぱがたくさんついてたのを全てカットして、好きな形に整えました。　右下／グリーンがある暮らしを楽しんでいます。

低コストでの簡単DIY

シンプルなスタイルが好きです。自分の好みなインテリアスタイルになるように低コストでの簡単なDIYで、模様替えなどを楽しんでます。例えば板を1枚敷くだけでも雰囲気が変わることもあるんです。ホームセンターで売っている安い板を購入し自分のスタイルに合わせたディスプレイでインテリアを楽しんでます。

左／器に似合うよう、着色したり少し傷をつけたりしてエイジング加工を施しました。古道具の味わいをイメージしました。　右／DIYで板を1枚敷くだけで雰囲気が変わります。

お気に入りの器を楽しむ時間

料理は基本得意ではありませんが、ワンプレートの盛り付けだったり、お気に入りの器使いによって料理の時間がとても楽しくなります。今朝はワンプレートの朝ご飯。雑穀パンとシチューの組合せです。

このプレートはイイホシユミコさんの作品。オールマイティーに何でも合う器です。さまざまな作家さんの器をお料理に合うように選ぶことは私にとっては至福の時間です。

PROFILE DATA

▼住まい、年代、仕事、家族、趣味特技

滋賀県／40代／専業主婦／夫、私、長男(11歳)、長女(6歳)／お花屋さんめぐり、雑貨屋めぐり

▼理想の暮らしを楽しむため大切にしていること、心がけているもの

お花やグリーンのある暮らしや部屋の圧迫感などを意識して心地よい空間ができるように心がけています。

▼丁寧な暮らしという言葉、生活について思うことがあれば

心に余裕がないとできないな……と思っていて、子育てやいろいろなことでストレスをためたりもします。たまには友達とお気に入りの器でおうちカフェを楽しんだり、おしゃれでおいしいお店へ食べに行ったり、そんな時間も必要だなって思っています。どんなことでも当てはまることですが、バランスって大事だなと思っています。忙しい中でも何か自分がワクワクするような時間をうまく作り、心にも余裕をもつように心がけています。

12

エリサさん

erisa

何気ない暮らしのシーンをいとおしく感じます

Instagram
「@erisa.ina」

梅も漬けないし、作り置きもしたことなくて。私にとっての「丁寧な暮らし」は、自然が見せてくれる奇跡のような美しい瞬間を、どれだけ気持ちよく享受できるかということ。窓の外の季節の移り変わりに天気予報よりも先に気づいたとき、家の中に差し込んでくる光と影の束の間の造形に心を躍らせるとき。そんな何気ない暮らしのシーンをすごくいとおしく感じます。

日常のリラックスした時間を幸せだなと感じられることが、私にとっての理想の暮らしです。そしてその瞬間に気づける体質になることも大切です。

以前自分の理想の1日を書き出してみたことがあります。翌日、書いた通りに行動してみたら、簡単にできてしまいました。それまでは「理想の暮らし」って雑誌や本の中でしか見ないような、遠い存在だったのですが、それ以来、理想というのは、遠いものではなくて、明日から日常になるくらい身近なものなんだと考えるようになりました。

カーテンを閉めない暮らしを実現するために、景色を切り取る窓の配置や、土地の選定にこだわりました。窓から美しい季節の移り変わりを見るたび、「この家を建てて良かったなぁ」とあらためて思います。

手をかけた愛着ある住まい

住まいは自分で設計をしたので、間取りや家事動線に関してはこだわりました。キッチンの周りはぐるりと回れ、行き止まりがないので、どこにでもアクセスできて使いやすいです。お風呂場、脱衣室、洗濯機、室内物干し場、バルコニー、クローゼットは洗濯の動線を考えて、全て2階にあります。脱ぐ→洗う→干す→しまう、の流れが最短で終わるので助かっています。

家の一部は、DIYで作りました。壁のシラス漆喰塗り、室内のタイル貼り、外壁の塗装、ウッドデッキ。コストを削減しながら好きな家が実現できました。自分たちで作ることでメンテナンスも自分たちでできるようになります。住まいに手をかけながら、一緒に時を過ごしていくのも、愛着や思い出がたくさんできていいなぁ、と感じています。

上／キッチンの周りはぐるりと一周できます。
下／動線にこだわった洗濯物干し場。

マイベストレシピを更新するのが好き

お昼にパスタをよく作りますが、そのとき、自分なりのマイベストレシピを更新していく作業が好きです。例えば、カルボナーラ。火を入れるとダマになりやすい卵液ですが、火を通さないで和えるとおいしくない。そこでボウルに卵を割り入れ、粉チーズを入れ、麺を茹で終わったあとのお湯でボウルを湯煎しながらかき混ぜると、とろみがついて、とってもおいしいカルボナーラになります。こうして自分の中の自己ベストを更新して、家族にどうだ！　とドヤ顔で食べさせることが楽しみの一つです。

「美味しいは正義！」と思っています。

PROFILE DATA

▼住まい、年代、仕事、家族、趣味特技
東北／30代／建築関係の会社員／夫、自分、長女6歳、長男0歳／間取りを考えること

▼掃除や片付けで苦手なこと
掃除や片付け、全てが苦手です。誰かにやってほしいです。

▼献立について
ちょっと手間がかかっても美味しいものが食べたい、元気な日は、dancyuのレシピ本を開きます。普通の日は、パソコンの検索で、食材名と「カンタン」というキーワードを打ち込んで調べて作ります。やる気がない日は、とりあえず米を炊き（炊飯器がないのでストウブのお鍋で炊きます）、味噌汁を作ります。手を動かしているうちにめんどくさい気持ちが治まっていきます。毎日頑張らなくてもいいと思っています。自分に甘いのでゆるゆるです。

▼お料理について影響された人
実母と義母から影響を受けています。実母はキャリアウーマン。海外出張も多い仕事をしていたので、味付けもフィレンツェ風など、ひねりの効いたものが多く舌を育ててもらった気がします。義母は料理もお花も洋裁も何でもこなすスーパー主婦。いろいろ教えてもらっています。塩麹や醤油麹などで下味を仕込んでから冷凍してある肉や魚などは、解凍して焼くだけ。すぐに夕食が食べられるので重宝しています。

2 住まいを整える

掃除、片付け、収納。
自分なりのやり方で、
ストレスなく
続けるために。

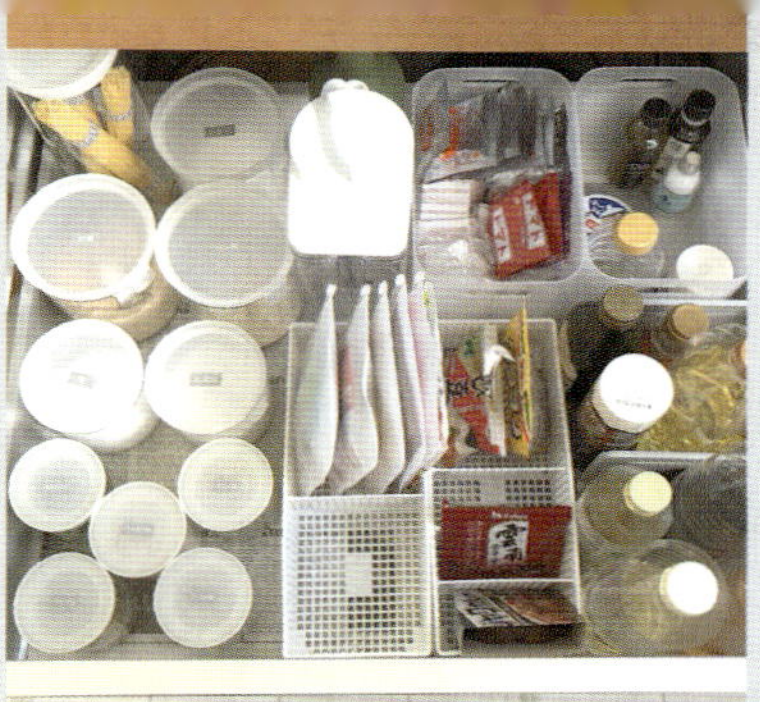

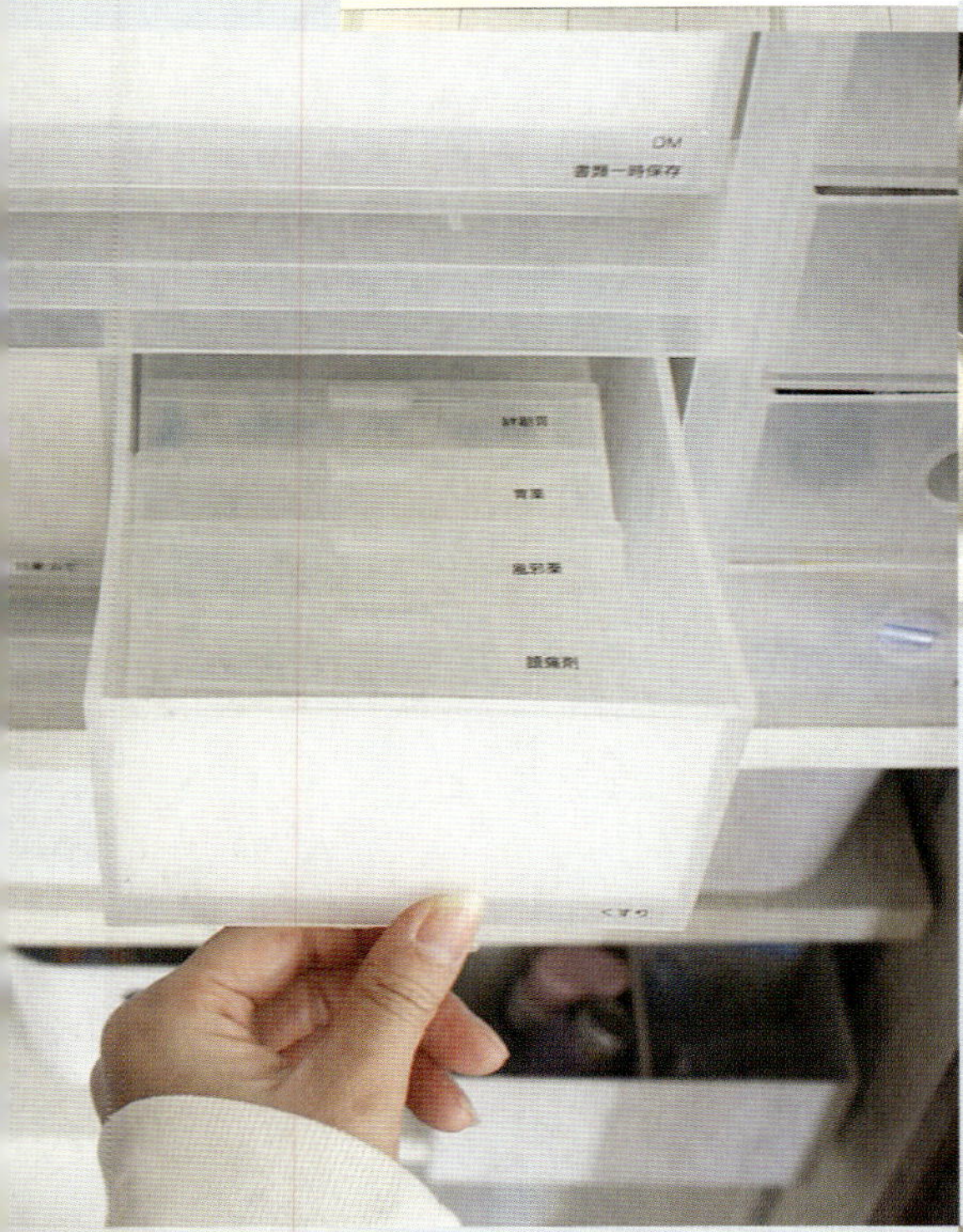
DM
書類一時保存
絆創膏
胃薬
風邪薬
鎮痛剤
くすり

NOW

WELCOME
TO
OUR HOUSE

13

nutsさん

nuts

いちばん長い時間を過ごすリビングは常にきれいに

いちばん長い時間を過ごすリビングはきれいにしておきたいと思っています。

Instagram
「@nuts_icube」

朝でも夜でもいいので、子どもが寝てる間に一人でゆっくり過ごす時間を大切にしています。

理想の暮らしは、家族みんながいちばん気持ちよく過ごせる場所であること。そのため、いちばん長い時間を過ごすリビングは掃除と整理整頓を常に心がけています。

小さな子どもがいるので、昼間はおもちゃで足の踏み場がありませんが、誰が片付けてもきれいにリセットできるようにしています。主人が片付けたときに、「これどこにしまうの？」とならないように。

インスタグラムからとてもいい刺激を受けていて、掃除や片付け、整理整頓のきっかけになったり、やる気につながっています。マイホームを長く大切に、家族みんなが快適で心地よく過ごすためには、「気が向いたらやればいい家事」とそうじゃない家事があることを学びました。以前は全てを気が向いたときにやっていたので、家が荒れていました。

床の汚れには気を遣っています

子どもが小さいし猫もいるので、床の汚れには気を遣っていて、まず朝起きたら掃除機をかけるようにしています。夜、リビングの床には何も落ちてない状態にし、翌朝の掃除機がけがスムーズにできるように。

きれいな家で気持ちよく過ごしたいというのがいちばんの目標なので、「掃除がしやすい部屋作り」というのを意識しています。物を増やさない、置かないようにして部屋をすっきりさせて、片付けの時間が短縮できるように心がけています。物が少なければ必然的に掃除も楽です！

上／物を増やさないことも掃除時間の短縮につながります。下／子どもが小さくて猫もいるので、リビングの床の汚れには気を遣います。

PROFILE DATA

▼住まい、年代、仕事、家族、趣味特技

中部地方／30代／会社員（育休中）／夫、私、息子1歳／家でゆっくりティータイム

▼好きな家事とその理由

晴れた日のお洗濯。たたむのは嫌いですが干すのは好きです（笑）。きれいに並べて干し終わった後の洗濯物を見ると気持ちがいいです。他の家事は、あ～ちょっと今は面倒だな～って思う日もありますが、なぜか洗濯だけはそう思わずにやれます！

▼洗濯のこだわり

服の向きを揃えて干すことです。向きを揃えて同じ種類の服で集めて干しています。

▼掃除や片付けで楽しんでいること

持ち物の整理整頓はとても楽しいです。不要なものを手放してすっきりしていく過程や、ぎゅうぎゅう詰めだった場所が余裕のある収納スペースに変わったりするととても気持ちがよくて、定期的にやっています。あと、状況に合わせて収納方法を変えたり、使いやすいようにアレンジしたり試行錯誤するのも楽しいです。

▼「丁寧な暮らし」という言葉、生活について

全てにおいて丁寧、は難しいので、どこか一つだけでもいいから取り入れたいと思っています。

最低限やる家事を決めました

上／お掃除ロボットのブラーバのおかげで床の拭き掃除が楽です！　ブラーバにお任せしている間に自分は手が空くので他のことができます。
中／キッチンがきれいだと、家事のモチベーションが違います。　下／物の整理整頓はとても楽しいです。

最低限これだけは毎日必ずやる家事というものを決めました。

掃除機掛けとキッチンのリセット。この2点だけです。もちろんプラスで他の家事や掃除もやりますが、それは疲れていたらやらなくてオッケー。でもこの2点は頑張ります。

大きな面積を占めるキッチンと床がきれいだとやっぱり気持ちがいいですし、個人的にはモチベーションも違います。

キッチンは、毎日のちょっとした掃除を続けることで大きな汚れを防止して、年末の大掃除を不要にしたいくらいです(笑)。

キッチンのリセット

キッチンのあれこれを洗剤で洗いました。

キッチンを丸洗いしました。中性洗剤でシンクと水切りカゴを洗って、そのまま天板もIHも全部スポンジでゴシゴシ。泡はスポンジワイプで拭き取ってます。「サンサンスポンジ」も「スポンジワイプ」も、どちらも使いやすくてお気に入りです。幾度となくリピートしています。

1日1掃除。どんなに小さな掃除でもいいから、毎日いつもの家事（リセット）にプラスして何か一つ掃除するようにしています。習慣化することが大事なので、疲れていたら洗面所の巾木《はばき》だけ！　など数分で終わる掃除です。時間や余裕があればレンジフードなど大掛かりなものにチャレンジしたりと臨機応変に。

日々の簡単に終わる掃除を毎日コツコツ頑張ることで、大きな汚れを防止して、掃除にかかる時間や手間を減らせると信じています。

1日1掃除を習慣にしています。

真っ白にこだわったフロアタイルはお手入れが大変そうだと思われますが、週に何回かスチームモップをかけるだけです。

14

akaneさん

akane

リノベーションして広く、床を白くしました

Instagram
「@a.organize」

我が家は築11年目の一戸建て。1階は元々1部屋洋室が付いた1DKでしたが、リノベーションして、使っていない押入れと収納をなくしてフロアを拡張しました。

家をきれいにするための労力はあまりかけずにきれいさを維持しています。本来ズボラなので、いかに楽してきれいにするかを常に考えています。でも、整理収納ができているという基礎があるからこそ、お掃除が楽になると思っています。

そして家事は家族のために、という気持ちを持ってしまいがちですが、私は自分が気持ちよく過ごすために、自分のためにやっています。そんなふうにマインドを変えたことで、お掃除することも、お料理や洗濯や洗い物をすることも、自分が好きでしているからこそ楽しみたい、もっと快適に暮らすために向上させたい！と、楽しみながらできるようになりました。

リノベーションしたことで広く感じられるようになりました。

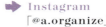

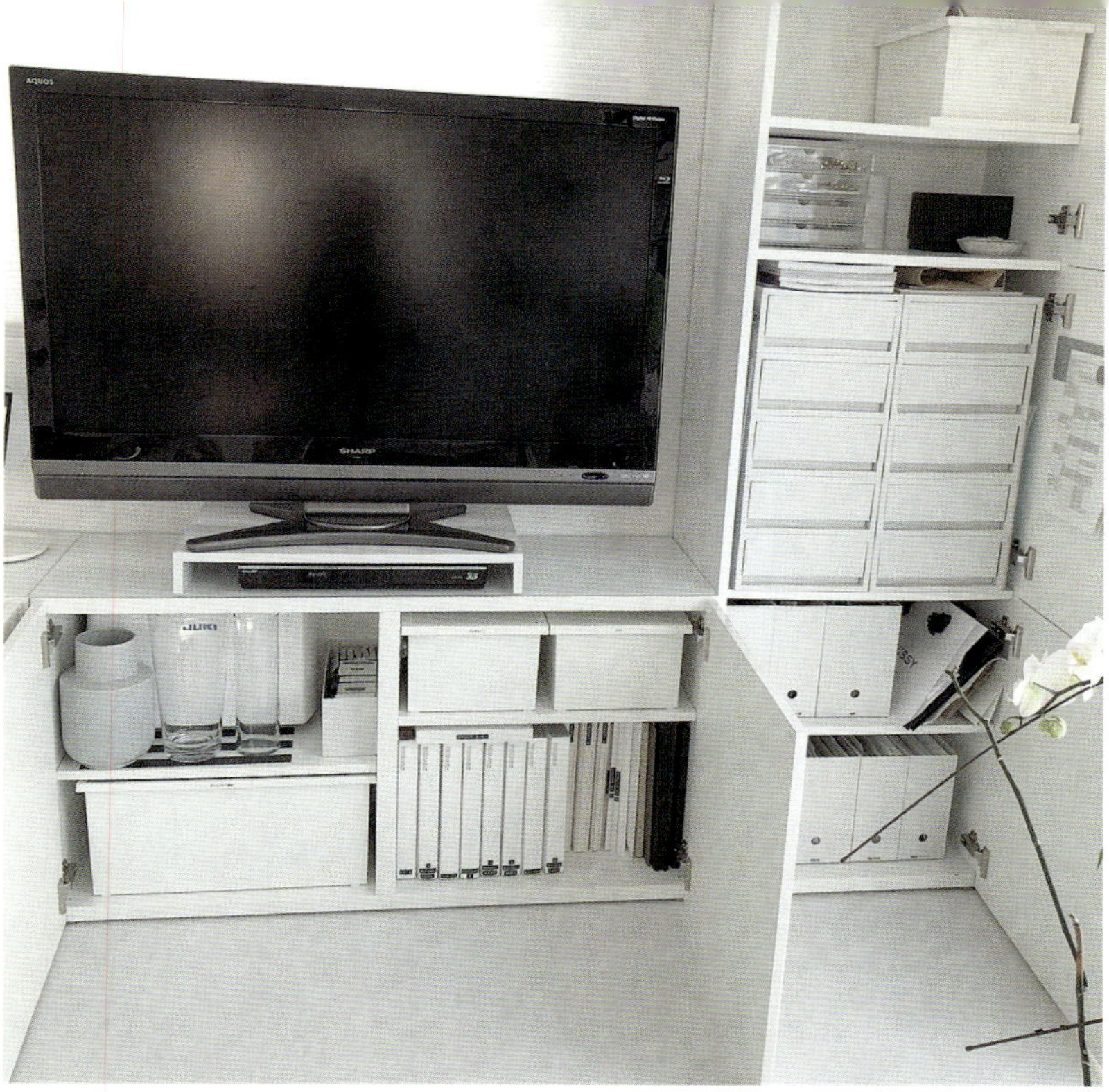

整理収納には達成感があります

整理収納が好きです。使いづらい場所が、収納を工夫して使いやすくなったときの達成感が病みつきになります。考えている時間も楽しいです。

とにかくモノを減らしたことで、掃除にかかる時間は大幅に減りました。それまではいちいちモノをどかして掃除機を掛けたり、と時間的ロスもありましたが、そういった時間もモノが少なければかかることもなく、結果的に家事における無駄な時間を削減できました。

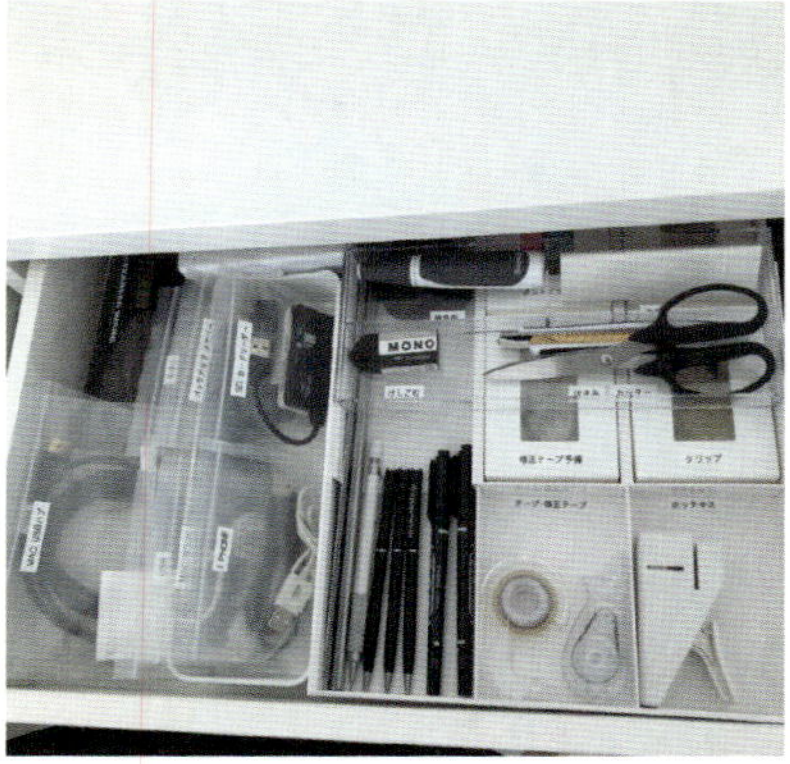

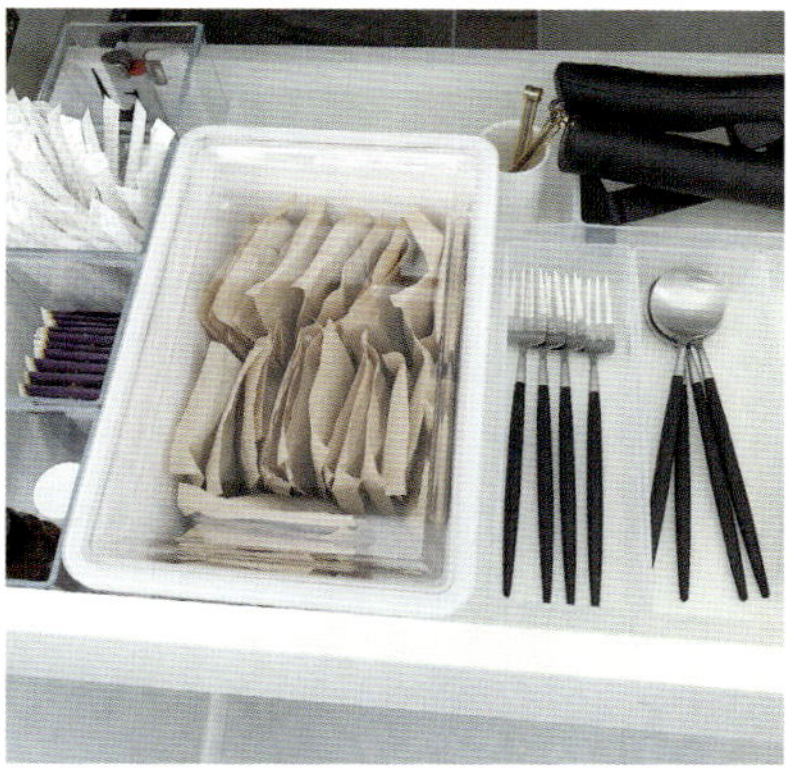

上／整理収納が好きです。　左下／細かな物にも置き場所を作り、ラベルをつけています。　右下／IKEAのボックスにティーバッグがぴったり収まりました。

PROFILE DATA

▶住まい、年代、仕事、家族、趣味特技

神奈川県／整理収納アドバイザー・インテリアコーディネーター／夫、自分、長女17歳、長男15歳／趣味　整理収納　特技　整理収納

▶好きな家事

食器洗い。食器を洗っている間無心になれるので。またきれいになって食器棚に収める瞬間がすっきりして気持ちいいです。

▶食器洗いについてのこだわり

食べたらすぐに洗い、拭きあげて棚にしまう。

▶苦手な家事

洗濯。取り込んでたたむのが面倒で、毎回もっと効率的にならないか考えています。たたんでしまうまでに、また次の洗濯物が出て、終わらないのがストレス。なので、いかにしてたたまずにそのまま掛けて収納できるか収納方法を考えたりしています。

▶家事について、変えてよかったこと

以前はためてからまとめてすることも多かったのですが、その都度こまめにやってしまったほうが後々楽になることに気付き、今は「ながら家事」です。食器洗いをしたついでにキッチンもきれいに拭く、歯を磨きながら鏡も拭くなど流れ作業のように組み込んでいることでとても楽になりました。

▶掃除について、心がけ

トイレやお風呂、キッチンなどの水回りや、玄関などを常にきれいにするように心がけています。汚れやすい場所だからこそ、きれい

上／服選びの時短になりました！　左下／こんなふうに、セットしておきます。
右下／以前は、色別アイテム別でした。

衣類のコーデを作りおき

1週間から2週間分、上下で服をコーディネートして組み合わせて掛けるようにしました。実はこれが最近の私なりの時短テク。

今までは色別、アイテム別に見栄え良く収納していました。でも朝の時間ない中で、前の日も選ぶ余裕がないと、結局いつも同じ組み合わせになったり、着やすい組み合わせばかりになってしまい、せっかく新しい服を買っても来ない日々が続いてしまいました。

そのため、1週間から2週間分を上下で服をコーディネートして組み合わせて掛けるようにしたら、収納の見た目はよくないけれど、考えずに目の前のセットをそのまま着ればいいようになりました。時短にもなるし、左は普段着、右は仕事にも着れる服で分けているのでシチュエーションによってどっちから取れば良いかも分かりやすくなりました。

PROFILE DATA

に保つことでいつも心地よい家になると思います。トイレは入るたびにアルコール除菌で拭くだけでも清潔さを保てます。またお風呂もカビが生えないよう常に換気し、お風呂に入りながら気になる場所を掃除しています。

▼理想の暮らしはどんなものですか

好きなものだけに囲まれた暮らし、家族が過ごしやすい家。そのために、日々家を見直し、より快適に過ごせるように心がけています。

▼暮らしを楽しむために大切にしていること

家で過ごす時間が、私にとって落ち着ける大切な時間なので、その空間がいつも心地よい場所になるように、きれいに整えるように心がけています。心の乱れは部屋の乱れにも繋がるように、心と片づけは精神的な結びつきが大きいので、部屋が整っていると、心も整うと思っています。

▼「丁寧な暮らし」という言葉、生活について、思うこと

いつも丁寧な暮らしとは？と自問自答してきました。でも、今の暮らしは丁寧な暮らしにはまだまだなっていません。でも、まずは丁寧な暮らしをしたいと心がけることが大事だと思います。丁寧＝自分を満たす暮らしと、私なりに解釈しています。満たすには自分が納得する生活を送ること。理想となる丁寧な暮らしに、少しでも近づけるようにこれからも、楽しみつつ、日頃から快適になるよう見直しながら暮らしていきたいと思います。

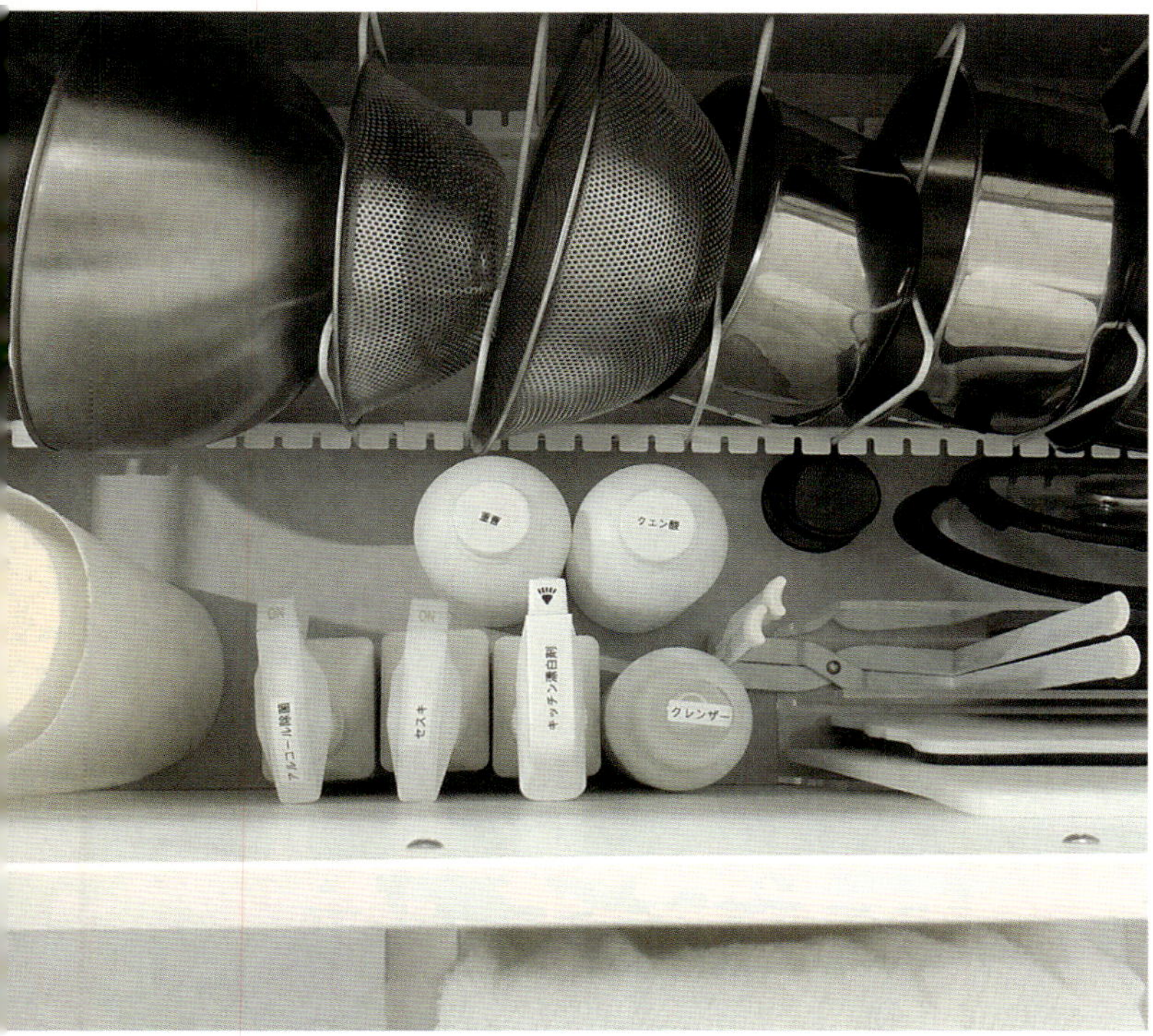

重ねて収納されているより、立てて入っていると取り出しやすいです。

キッチン収納は重ねず立てるのがポイント

キッチン収納、大幅に見直しました。

今までザル、ボウル、ティファールの重ねられるお鍋、圧力鍋を重ねて入れていましたが、やはり重ねて入れることで、下のものが出しづらかったので、ニトリのフライパンスタンドを使って立てて収納するようにしました。

簡単におしゃれな空間ができちゃいます。

IKEAのフォトフレームを飾りました

久しぶりに昼間一人の時間ができたので、IKEAで購入したまま放置していたフォトフレームを飾りました。リビングのワークデスクの壁は殺風景で棚を付けるか、フォトフレームを飾るかしばらく悩んでて結局そのままにしていたんです。

フォトフレームが8個セットになった商品でこれをランダムに飾るだけであら素敵、簡単にオシャレ部屋になっちゃう。配置をシミュレーションできる紙が入っていてその通りに飾るだけでOK。

手軽にお部屋の雰囲気が変えられるおすすめインテリア雑貨です。

きれいな空間になったときの清々しさを思って、家事をこなしています。

15

めぐりさん

meguri

新居をずっときれいに保ちたい。程よく手を抜きマイペースな家事

Instagram
「@meguri.k」

いつもInstagramから刺激を受けていますが、完璧は目指さないようにしています。

家事をしっかりこなすようになったきっかけは、憧れのマイホームを購入し新居に引っ越したこと。新居をずっときれいに保ちたい！ という思いです。そして何気なく家の記録として始めたInstagramで、多くの方の素敵な料理やインテリアと収納を見て、刺激を受けて〝丁寧な暮らし〟に憧れて今にいたります。

いつも家事は苦手というか面倒です。でも、家をリセットしてきれいな空間になったときの清々しさを思って、頑張ってこなしてます。

とはいえ仕事に、家事、育児で忙しい毎日。どうしてもできないことも出てきます。私は、「絶対やらなきゃ！」という気持ちを持たないようにしています。完璧を求めて頑張ると家事がもっと嫌いになってしまうので程よく手を抜き、マイペースにできることだけをやっています。

取り出しもしまうのもラクな8割収納

料理が好きです。調理がスムーズにできるようにキッチンには物を出していません。お皿やカトラリー、キッチンツール、食材は一目でどこに何があるかわかるように収納し、取り出しやすくしまいやすい8割収納で。

物を減らし、それぞれの収納場所をちゃんと決めたことにより、自然とそこに戻すようになったので散らかりにくい部屋、簡単にリセットできる部屋作りができるようになりました。物が散らかってないと、掃除も楽です。

上／お皿収納は、一目でどこに何があるかわかるように。　左下／ストウブ鍋はIHの下に。　右下／ざるなどの調理器具は立てて収納すると取り出しやすい。

PROFILE DATA

▼住まい、年代、仕事、家族、趣味特技
愛知県／30代／イベント業、ハンドメイドアクセサリー／夫、自分、長女7歳、長男4歳（3月24日で5歳）／お菓子作り、収納コンシェルジュ、ファッションコンシェルジュ、書道特待生、3月からホットヨガを始めました。

▼好きな家事
料理。手の込んだものを作ると家族の喜ぶ顔が見られるから。

▼料理についてのこだわり
同じメニューが続かないようにする。

▼食についてのこだわり
野菜多めの食事。発酵食品は必ず取り入れる。栄養バランスを考える。彩りよく。

▼献立はどのように決めますか
食材はまとめ買い派なので、固定概念にとらわれず、冷蔵庫にあるもので作れる物を作る。限られた食材でも同じメニューが続かないように、前日に作った料理が余ったら、リメイク調理しています。

▼お料理について苦手なこと
作ることは好きですが下ごしらえ、片付けが面倒です。

▼今後チャレンジしていきたい献立
主人が身体を鍛えていて、糖質制限ダイエットしているので、タンパク質が豊富で栄養バランスに優れ、子ども達もおいしく食べられるような献立にチャレンジしていきたいです。

上／週1回は、キッチンを中性洗剤で洗います。
下／コードレスのハンディタイプの掃除機に変えたら、掃除機掛けが楽しくなりました！

水回りは気付いたときに拭き掃除

水回りは汚れをためてしまうと後々大変なので、気付いたときにこまめに蛇口などを拭き掃除するようにしてます

キッチン、洗面所は週に1回は中性洗剤で「丸洗い」。そして、キッチンには物を出しっ放しにしないようにしています。また、定期的に収納の見直しを行っています。

家族がみんな笑顔で過ごせる居心地よい空間になるよう、どこに何があるかがわかりやすい収納を心がけ、すっきりした空間を保つのが理想です。本当に好きな物、必要な物だけに囲まれた暮らしを目指してます。

掃除機をコードレスのハンディータイプに変えたら、コードありの掃除機に比べて掃除機をかけるのが楽しくなりました。すぐに手に取れる場所に掃除機を収納するのもポイントです。

PROFILE DATA

▼掃除や片付けに関しての工夫
あらゆる物を家の収納面積に見合った物の量に断捨離！ 収納場所に対して8割収納にすることにより、出し入れしやすく家事がはかどります！

▼理想の暮らしはどんなものですか
家族の笑顔が絶えない暮らし。本当に必要な物と本当に好きな物だけに囲まれたすっきり掃除しやすい暮らしです。

▼理想の暮らしに近づけるための工夫
定期的に収納の見直しをする。物を買う前に収納場所があるか考えてから購入する。一つ買ったら一つ手放す。

▼暮らしを楽しむため大切にしている時間
家族との時間。

▼「丁寧な暮らし」という言葉、生活について、思うこと
繊細な心を持つ日本人ならではの考えだと思い、憧れます。

上／自動洗浄機能のついたトイレで掃除の負担が減りました。
下／床拭きロボットのおかげで、心にも余裕が生まれました。

苦手な掃除の負担を減らすために

掃除の中でも、便器掃除がいちばん嫌いです。そのため少しでも負担を減らすために自動洗浄機能のついた便器「アラウーノ」を選びました。

もう一つ、床拭きがとても大変苦手なので、床拭きロボット「ブラーバ」を購入しました。今まで床拭きしていた時間が自分時間に変えられたので、心にも余裕が生まれました。

上／メニューやテーブルコーディネートを考えるのは楽しいです。　下／Instagramで公開することが、モチベーションアップの秘訣です。

手作り料理でホームパーティーを楽しんでいます

誕生日やクリスマスなどイベント時にはいつもより華やかな手作り料理でホームパーティーをします。時間をかけて、メニューを考え、テーブルコーディネートをして、料理を作るのがとても楽しいです。そして家族が喜ぶ顔を見られてとても嬉しいです。掃除や片付けなどは得意ではないので、あえてInstagramで公開することにより、モチベーションを上げています。

16

shioriさん

shiori

清潔で整理整頓が行き届いた空間が理想です

Instagram
「@s.k.m.f」

上／テーブルの上に物は置きません。　中／テレビの脇の収納にも扉をつけてすっきり。　左下／キッチンの背面収納は、引き戸を使った隠す収納です。　右下／使うときに開ければよいだけなので不便ではありません。

理想は、清潔で整理整頓が行き届いている空間、家族みんなが過ごしやすい家です。そのため、部屋には必要最低限の家具だけを置き、インテリアも物をあまり飾り過ぎず、掃除をしやすいすっきりとした空間を作っています。

例えば、キッチンの背面収納は引き戸を使った隠す収納にしています。生活感を隠せるので、中がごちゃついていても扉を閉めればすっきり見えます。冷蔵庫やレンジといった家電も中に入れています。

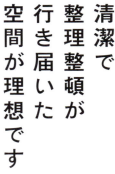

上／冠婚葬祭関連は一式、ここに。　下／薬はこれだけです。

みんながわかりやすい収納にします

元々、掃除も片付けも苦手でした。けれども掃除・整理整頓が行き届くと、気持ちにも余裕ができる、と気づいたのがきっかけで、掃除や整理整頓が好きになりました。

少しでも家族みんなが使いやすいようにと、いろいろ工夫して収納を考えるのはとても楽しい時間です。

誰が見てもわかりやすい収納、と褒めてもらったことがありますが、家族みんなが使うスペースは特に細かくラベリングしています。いずれ、行き届いていない箇所の収納を完璧に仕上げたいです。特にウォークインクローゼットの整理。服の断捨離をやりたいと思っています。

PROFILE DATA

▼住まい、年代、仕事、家族、趣味特技
大阪府／29歳／主婦／夫、自分、長男8歳、次男4歳／ファッション、メイク

▼好きな家事
掃除・整理整頓　1日のスタートが気持ちよく切れるため。

▼好きな家事についてのこだわり
本音を言えば家事全般が苦手で好きではないです。好きではないからこそため込むともっと嫌になるので1日1つの掃除を心がけています。

▼苦手な家事
洗濯。回す、干すまでが時間がかかるからです。

▼家事について変えてよかったこと
1日1掃除をするようになってから年末の大掃除の負担がかなり少なくなりました。

▼家事について気持ちの持ち方
ずっと続けていけることが第一なので、完璧を求めすぎず毎日ゆるくやることです。それが長続きの秘訣になっている思います。

▼掃除や片付けについて、心がけていること
1日に一度はキッチンをリセット、お風呂の鏡の水切りは欠かさずしています。次の人が気持ちよく使えるようにしています。

▼掃除や片付けについて影響を受けた人
掃除が得意な友人から掃除法を教わったり刺激をもらっています。

冷蔵庫収納を見直しました

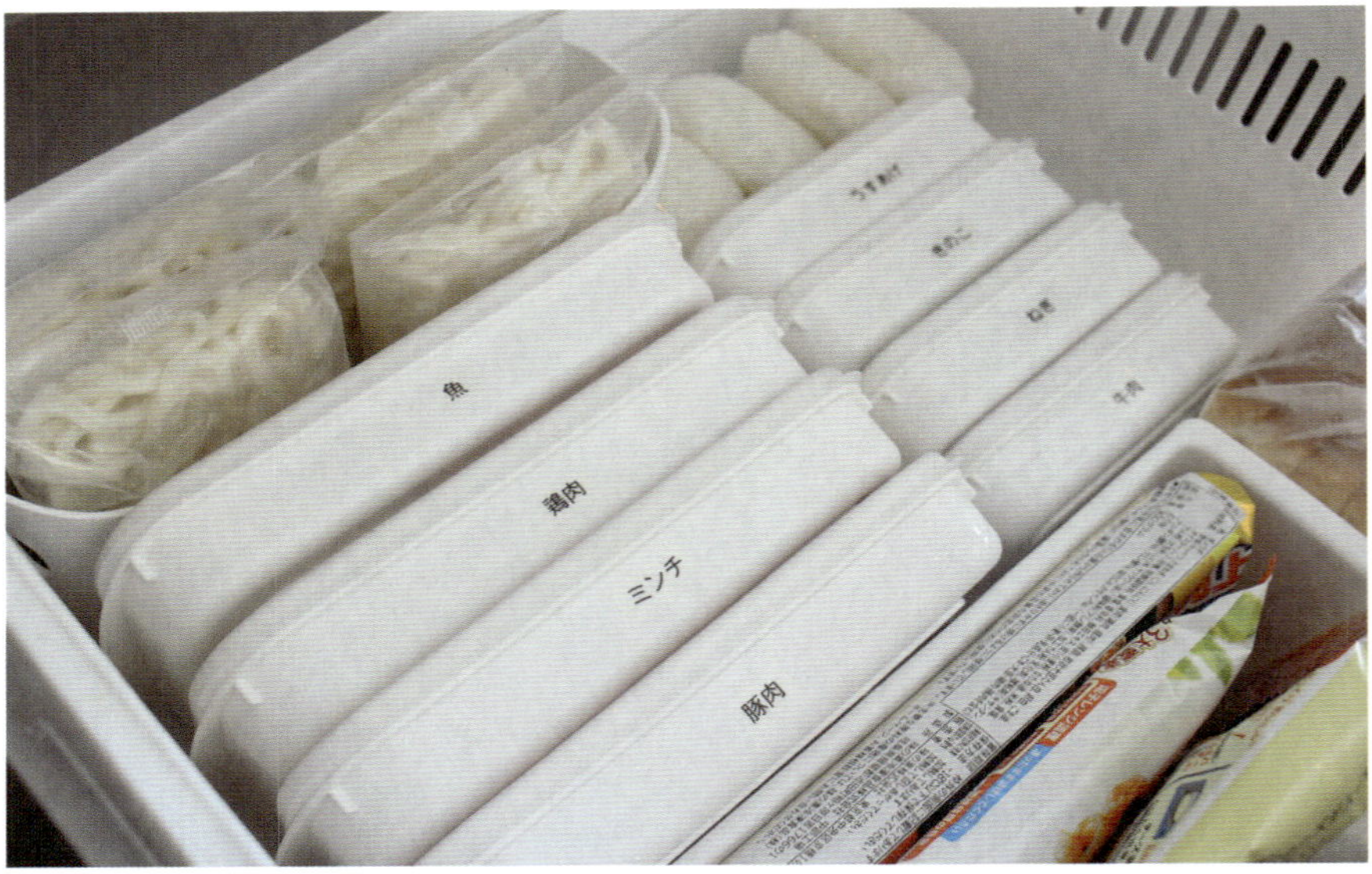

上／この状態を保つ、というのが課題です。　下／野菜類はクラフトバッグに入れました。

冷凍庫の食材をきれいに整理収納しました。でもきれいに収納して満足ではなくてこれを保ち続けないといけないのが次の課題。これがいちばん難しい。

野菜室も見直しました。クラフトバッグに入れて整理。野菜の乾燥が気になるし、違う袋に入れ替えたりするのは私には続かなさそうなのでそのまま入れています。

PROFILE DATA

▼掃除や片付け、住まいのことについておっくうなこと
増え続ける子どものおもちゃなど、子どもに任せているおもちゃ収納はどうしてもリバウンドしてしまいがちでいつも頭を悩ませています。

▼掃除や片付け、住まいに関して、工夫
整理収納を考えるとき物にも一つ一つ住所を決めてあげるようにしています。そして必ず使ったあとは決めた場所に戻してあげることでリバウンドのしない収納を心がけています。

▼食についてのこだわり
なるべく無添加の物を選ぶようにしています。全ての料理に米油を使っています。

▼献立はどのように決めますか
食材にムダが出ないように毎日冷蔵庫を見ながら献立を決めています。そのため冷蔵庫の整理はしっかりとするようにしています。時間に余裕があるときは常備菜を作ることもあります。

▼お料理について影響を受けた人
母が料理上手なため、よく作り方を教わったりしています。無添加の物を選ぶようになったのも母のすすめがあったからです。

▼お料理について、苦手なこと
料理自体は嫌いではないのですが献立を考えるのがいちばん大変です。

▼お料理について楽しんでいること
お気に入りの食器や、調理器具などを使ってモチベーションを上げています。料理中は好きな音楽を聴きながらテンションを上げています。

ゆるーく家計簿つけてます

今まで家計簿アプリなどもいろいろやってはいたけれど、続いたことがありません。そんな私が、なんと今回は1年続いています。1年なんか大したことないかもしれませんが本当にズボラな私にとってはすごいこと。

以前はレシートを事細かに丸写しする方法をやっていたのですが、だんだん苦痛になってしまったので、お店の名前と値段だけを書くようにしています。そうするとそこまで負担にならなくてなんとか続けられました。お金の動きが分かってくると自然と節約にもつながるんですね。この調子で頑張って続けます。

お店の名前と値段だけを書く、という方法で、1年続けられました。

ストウブ鍋の定位置が決まりました

並んだらかわいいストウブ鍋。これ以上増えたら収納を見直さないといけません。ストウブ鍋「Wa-NABE」のSサイズの定位置はこちらに決まりました！　隣りは「ブレイザーソテーパン 28センチ」。おでんにすき焼きにお鍋に、あと、煮込みハンバーグを作ったりもします。

いちばんよく使うのが毎日炊飯するストウブ鍋「Wa-NABE・M」で、コンロに置いてあります。

並んだらかわいいストウブ鍋。

PROFILE DATA

▼今後チャレンジしていきたい献立
自家製のお味噌を作ってみたいです。

▼食に関しての工夫
みじん切りがすごく嫌いだったのですが「ぶんぶんチョッパー」を使うようになってから時短にも繋がり、いろいろな料理のハードルが下がりました。

▼理想の暮らしはどんなものですか
いつも清潔で整理整頓が行き届いている毎日。家族みんなが過ごしやすい空間作り。

▼理想の暮らしのための工夫
必要最低限しか家具を置かず、インテリアも物をあまり飾り過ぎず掃除をしやすいすっきりとした空間を作っています。

▼「丁寧な暮らし」という言葉、生活について、思うこと
丁寧な暮らしを意識するようになってから、物を大事にするようになり、物選びも慎重にできるようになりました。そして気持ちにも時間にも余裕が持てるようになったと感じています。毎日を心豊かに暮らせるようになりました。

17

佳世さん

kayo

家の中がキレイになる時間を作るのがマイルールです

Instagram
「@_kayo_56」

掃除、片付けが好きです。今は専業主婦で家にいる時間が長いので、ずっといる空間がきれいに片付いていると、いい気持ちで過ごせます。自分の気分がいいと、心にも余裕が出て旦那への接し方も寛大になれる気がします（笑）。家族も気分よく過ごせるだろうと思います。

めちゃめちゃに散らかった状態から完璧にキレイな状態にするのが好きです。キレイになるとすごく気持ちがいい。その後、気分よく過ごせます。

1日1回、少しの時間でもリセットして、家の中がキレイになる時間を作るのがマイルールです。特に寝る前と外に出掛けるとき。朝起きてリビングに入ったときに片付いていると気持ちよく朝を迎えられます。外から帰ったときに散らかっていたらドッと疲れてしまうので、毎日のリセットを心がけています。

上／特に寝る前と出掛ける前は、片付けるようにしています。　下／散らかった状態はこんな感じです。

上／今日はキッチンの引き出しの中身を全部出して断捨離と掃除。　下／調味料が入っていた引き出しの隅の小さなゴミも拭き取り、きれいにしました。

ゴミの日は断捨離です

ゴミの日は断捨離熱が上がります。趣味が断捨離というぐらい自分にとってはストレス発散になっています。頻繁に捨てているのに毎回捨てる物が新しく出てきます。

「持ち過ぎない暮らし」を意識しています。物を増やさない、ストックを持たない。また、できるだけ目に見えるところには物を置かない。掃除がしやすいように、排水口のフタはお風呂もキッチンもつけていません。

PROFILE DATA

▼住まい、年代、仕事、家族、趣味特技

大阪府／30代／主婦／夫、自分、長男1歳／断捨離、整理整頓

▼掃除、片付けでのこだわり

1日1箇所（1部屋）は細かいところ」（巾木《はばき》とかスイッチの上のほこりとか）まで掃除します。大掃除をしなくてもいいように普段から中、小掃除をしています。

▼掃除が好きになったキッカケ

母親。実家はいつもきれいでした。

▼苦手な家事とその理由

料理

▼そのうちやりたい家事

作り置き

▼理想の暮らしはどんなものですか

無理なくできる範囲でキレイを保つ。欲を言えば、家具・家電からキッチン・掃除道具まで自分の好きな物を揃えて暮らしたい。

▼理想の暮らしのための工夫

少しの工夫、ひと手間だと思うことでも毎日続けています。続けることで後々苦労しないと思うので。逆に、毎日しても苦にならないことをしています。少しずつ「長く使えるいいもの」に変えていっています。

▼「丁寧な暮らし」という言葉について

丁寧な暮らしをしたいがために無理をしてストレスがたまったら絶対に続かないので、自分に合ったことをすればいいと思います。身の丈に合った暮らしが大事。

お掃除は全般的に好きです。丁寧な暮らしを心がけるようになってからは、見えない場所のお掃除も楽しめるようになりました。

18

miiさん

mii

毎日少しの頑張りと日々の積み重ねですっきり暮らしたい

➡ Instagram
「@_____mt.hm2」

数年前まで断捨離することができなかった私ですが、友達の影響で断捨離に目覚めました。それからすっきりした暮らしの気持ち良さ、物が少ないとお掃除もしやすいと実感してからお掃除も楽しめるようになりました。

仕事のない日の午前中は掃除に費やします。毎日掃除（掃除機がけなど）と別に前日から掃除する箇所を決めてそこを念入りに掃除します。

その日の汚れはその日のうちに、蓄積された汚れだとお掃除するのも大変ですが、その日のうちに掃除していればいつまでもきれいを保っていられます。

お掃除に完璧を求めていませんが、常にきれいな状態じゃないと落ち着きません。家に遊びに来る友達から居心地がいいねとよく言われます。

家事は、家族が生活しやすいように、「やらなくてはいけない家事」ではなくて、「やりたくなるような家事」を実践しています。毎日少しの頑張りと日々の積み重ねだと思っています。

お掃除仲間のお友達と刺激し合いながら頑張っています。

キッチンがきれいだと気持ちに余裕が出ます

キッチンは1日の間でいちばん長く居る場所なのできれいにしていると気持ちに余裕が出ます。毎晩必ずリセットし、ふきんなどは1日の終わりに除菌して翌朝洗濯します。

毎日のお料理が苦にならないように調味料、調理器具も出し入れしやすい収納にしています。

月に一度、水回り掃除にオキシクリーンを使って「オキシ漬け」しています。換気扇などもそのままドボンと漬けて、普段念入りに掃除できていないキッチン道具なども一緒に入れ、まとめてきれいにしてすっきりです。

上／パントリーで食品ストックを入れていたボックスを丸洗いしました。　左下／朝のキッチンリセットが終わった後はアクリルたわしでワークトップのお掃除を。　右下／使っているのは「魔法の雑巾」。毎晩、キッチンリセットした後に欠かさず除菌、翌朝、洗濯してタオル掛けで乾燥させています。

PROFILE DATA

▼住まい、年代、仕事、家族、趣味特技
大阪府／30代／医療関係のパート／夫、自分、長女9歳、次女7歳／海外ドラマ

▼好きな家事とその理由
掃除。心に余裕ができるから。

▼苦手な家事
洗濯。洗濯機が1階、干し場所が3階。たたむのにも時間がかかるので。

▼献立はどのように決めますか
2～3日分の献立を考えて買い出しし、その後はある食材を使って考えています。

▼お料理について影響を受けた人
祖母の作った料理が大好きで、作りたい料理は全て祖母から受け継いでいます。

▼理想の暮らしはどんなものですか
家族と楽しく好きなものに囲まれて、毎日丁寧に心地よい暮らし。

▼理想の暮らしに近づけるための工夫
日々の積み重ねが大事だと思っています。すっきり暮らしたいので、必要な物か否かの判断をして、必要最低限の物しか置かないように心がけています。

▼「丁寧な暮らし」という言葉、生活について
ただきれいにする、ということだけではなく、一つ一つの物を大切にしています。毎日の暮らしに少しの頑張りを入れて、家族みんなが心地よい、すっきりした家作りを。丁寧な暮らしは永遠の理想です。

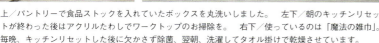

19

あかねさん

akane

家事のハードルが下がるように収納を考えています

子どもが2人、犬が2匹いてとても汚れやすいリビング。掃除機と違って大きな音がしないので時間を気にせず使えるフローリングワイパーで掃除をすることが多いです。

Instagram
「@neppe___ks」

家事全般、好きではありません。どちらかといえば苦手です。好きではないからこそ収納や動線を考えて家事をするときのハードルが下がるようにしています。

掃除道具や調理道具はすぐに取り出せるような場所に置いて、家事がおっくうだなと思うきっかけを作らないようにしています。

使いたいものがすぐに手に取れる場所にあるかどうかで、家事をやる気が変わってしまいます。ソファに座っていて犬の抜け毛が気になったときに、ソファ脇にコロコロ粘着ローラーが置いてあれば、すぐ手にとって掃除をすることができます。ソファから立ち上がり、移動してコロコロ粘着ローラーを取りに行くとなると、やる気が一気になくなってしまいます。面倒なことは続かない性格なので、家事のハードルが下がるように自分に合う方法を日々模索しています。

掃除道具を取り出しやすく。ドラマのCMの合間にコロコロ粘着式クリーナーをかけたりだとか、隙間時間にちょこちょこ家事をします。

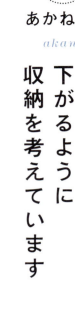

気に入ったものだけを持ちたい

物を置かない・増やさないことを心がけていますが季節ごとに、壁面や玄関を飾ってインテリアを楽しんでいます。

何か物を買おうとするときに、収納場所を確保することはできるか、本当に必要なものなのかをよく考えてから物を買うようになりました。インテリア雑貨なども本当に気に入ったものだけを持ち、増やし過ぎないようにしたいです。

あとは、視覚的に色味が少ないインテリアにするように心がけています。インテリアの色味が少ないと、散らかっているものが目立って見えるようになり、片付けたい！という気持ちになれます。リフォームの際、ホワイト×木目×植物のグリーンがメインカラーになるように考えました。

上／視覚的に色味が少ないインテリアにするように心がけています。　左下／掃除しやすいようにできるだけ物を置かないようにしていますが、玄関にはお気に入りの北欧雑貨を。
右下／マリメッコのウニッコ柄のファブリックで、スツールをリメイクしました。

PROFILE DATA

▼住まい、年代、仕事、家族、趣味特技
関東／20代／パート／夫、自分、長男9歳、長女7歳、犬2匹／写真撮影、映画鑑賞、ゲーム

▼苦手な家事
お皿洗い。洗濯と違って1日に何度も洗う必要があるのでおっくう。

▼家事についての心がけ
無理はしない。ながら掃除やついでに片付けなど、気付いたときに家事をしています。

▼理想の暮らしはどんなものですか
持ち過ぎない暮らしが理想です。必要最低限のものは持ちながらも、身軽に生きたいです。それと家族と楽しく、好きなものに囲まれて、毎日丁寧に心地よく暮らしていたいです。

▼理想の暮らしに近づけるための工夫
安いからとストック用にまとめ買いをするのをやめました。

▼暮らしを楽しむために大切にしている時間
子どもたちとお風呂に浸かっている時間。家族が寝静まった後の一人時間。好きなことをする時間があると明日も頑張ろう！と思えます。

▼「丁寧な暮らし」という言葉、生活について思うこと
暮らしを豊かに彩ってくれるものだと思います。丁寧に掃除した分、きれいな家を長くキープできる。丁寧にお料理した分、家族が喜んでくれる、と実感しながら生活しています。

上／キッチンに無印良品の棚を付けました。コーヒーグッズを置いてみたらなかなか便利。中段左／水周りの掃除だけはマメにやっています。　中段右／カレンダーの一つは自作です。スツールは座面の張り地をタンバリンの生地でオーダーしました。　下／コーヒーグッズはお気に入りのもので揃えています。「アアルトコーヒー」とクロワッサンで朝ご飯。

20

Roloさん

rolo

家の中のことをいろいろするのが好きです

Instagram
「@quatre2」

「会社員なのに主婦っぽい」と言われるくらい、家の中でいろいろなことをするのが好きです。

苦手な掃除は、曜日別に掃除場所を決めているので、週末に全てやらなくてもいいので楽です。

嫌いなことは先に終わらせます。義務だと思うと辛くなるので、その家事が終わった後の気持ち良さを想像したり、終わった後にゆっくりとあれをしようと考えることで、モチベーションを上げています。

また、お風呂掃除用品や、コーヒーグッズなど、どんなに小さな物でも自分の気に入った物で統一すると楽しくなります。

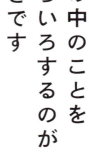

おいしいお茶とゆっくり朝ご飯

お家でゆっくりとお茶をする時間を作ることと週末の朝ご飯はゆっくりとる、ということを大切にしています。そのときの食器は料理に合うものを選びます。料理のレパートリーが少ないので、献立を考えるのが苦手です。夏は特に食欲が落ちるので、火を使わないで済む献立が増えますが、いい調味料を使ったり、できるだけタンパク質、発酵食品、野菜をとるようにして、健康に気を遣っています。

上／夏はそうめんが多くなります。左下／セントル・ザ・ベーカリーのトーストで朝ご飯。　右下／念願のトースター「バルミューダ」。噂通り、クロワッサンもトーストも今までのとは明らかに違うおいしさ。

PROFILE DATA

▼住まい、年代、仕事、家族、趣味特技
神奈川県／会社員／一人暮らし

▼好きな家事
洗濯。洗濯物が太陽の光を浴びて干されているのを見るのが好きなので。無駄にベランダに何回も見に行きます。シワシワが伸びるのが気持ちいいのでアイロンがけも好きです。

▼好きな家事についてのこだわり
カゴや洗濯バサミなど、可愛い洗濯グッズを使ったり、お気に入りのアイロンと好きな布で作ったアイロン台を使っています。

▼洗濯が好きになったきっかけ
日当たりのいい部屋に引っ越したことがきっかけです。

▼苦手な家事とその理由
掃除全般。汚い物と向かい合わないといけないので……。

▼掃除関連でそのうち挑戦したいこと
クローゼットの整理整頓。

▼掃除でおっくうなこと
換気扇やベランダの掃除です。

▼暮らしを楽しむために大切にしていること
お家でゆっくりとお茶する時間を作っています。週末の朝ご飯はゆっくりとります。また、日々の小さなことに感謝しています。たとえば、家で何となくボーッと無駄な時間を過ごしたことを後悔しても、それができた環境と状況に感謝したりと。

21

こそうじさん

kosouji

1日1個。小さく掃除する「こそうじ」で心地よい毎日

Instagram
「@kosouji」

お掃除サイト「こそうじ」
https://kosouji.com/

こまめに掃除するとともに、緩やかなミニマリスト的な暮らしを心がけています。

掃除が好きです。掃除は行動自体が前向きなので、行っていると感情も前向きになっていきます。

1日1個、小さく掃除（こそうじ）することで、汚れがたまりにくくなるので、汚れたとしてもすぐに落ちます。一気にたくさんしようとすると大変ですが、1日1個なら、無理なくストレスもなく、続けられます。

1年前までは仕事がとても忙しく、家事はほとんどできていませんでした。天井の換気口にほこりがたまっているのを発見し、手を伸ばして無理な体勢で掃除していたところ、腰を痛めて、2週間動けない状態に。「汚れをためていて急に無理して掃除をしたせいでこうなってしまった、なんとかせねば」と思い、それからは小まめに掃除しようと思ったのがきっかけです。「こそうじ」を始めて、ほこりや汚れがたまりにくくなったことで家の空気も良くなり、すぐに風邪をひかない体になりました。

「こそうじ」は「ちょっと拭く」ような、簡単な掃除ばかり。あれこれ掃除道具を出してやろうと思うとなかなか動けませんが、ちょっと蛇口をアルコールスプレーで拭くだけなら30秒でできます。やり始めると、あ、ここも、と結局キッチン台や壁も拭いていたりすることも（笑）。完璧主義でなく楽しい気持ちでできる小さな掃除から始めています。

ナチュラルクリーニングを心がけています

掃除では、「ナチュラルクリーニング」を心がけています。手や肌が荒れてしまうので、塩素系の強い洗剤はなるべく使わず、排水口の掃除は、重曹とクエン酸で行っています。また、以前、研磨剤入りのクリーナーを使用して、シンクや蛇口に傷がついた経験から、中性洗剤（「ウタマロクリーナー」）や、研磨剤不使用の「スーパークリーナー万能Ｊｒくん」を使っています。

掃除道具はできるだけ持たない

掃除道具をあまり持ちたくないと思っています。雑巾代わりに「洗って使えるペーパータオル」。いろいろなところを拭いてから捨てるので、経済的で部屋もきれいになります

窓ふきは使い古しの靴下とアルコールスプレー「ドーバー パストリーゼ」を使用。この組み合わせが、拭きむらができずいちばん良かったです。汚れたら裏返して使い、最後は指でサッシの汚れを拭きます。

排水口の掃除は、重曹＋クエン酸です。

窓拭きは、使い古しの靴下とドーバーパストリーゼで。

掃除しながらダイエット

掃除をしながらダイエットを楽しんでいます（笑）。毎日、ウォーキング＆ランニング＆筋トレを始めたのですが、同時に食事や消費カロリーを記録する携帯アプリ「あすけん」を使い始めました。

運動以外にも日常生活で消費するカロリーも検索できます。そこで、掃除って結構カロリーを消費するんだ！　ということが判明。床掃除10分はウォーキング10分と同じぐらいの消費カロリーです。

ダイエットしながら家もキレイになるとはなんて素晴らしいんだろう、と思い、掃除をますます楽しんでいます。

掃除による消費カロリーを「あすけん」に記録するのも楽しい

PROFILE DATA

住まい、年代、仕事、家族、趣味特技
東京／企画・デザイン／夫、自分／おいしいものを食べること、料理

好きな家事
掃除。大掃除のチェックリストと、毎月掃除のチェックリストを作り、主宰するサイトで公開しています。

苦手な家事
洗い物

家事についての心がけ
楽しく家事できるように。一人で抱え込まず、家族と協力しながら行うことでストレスなくできています。

理想の暮らしはどんなものですか
おいしいものをおいしいと感じ、行きたいと思う場所に行けて楽しめる、心身ともに健やかな暮らしです。

暮らしを楽しむために大切にしていること
「モノよりも経験や思い出」。夫婦で出かけたり一緒に掃除をしたりという時間を大切にしています。2人とも読書が好きなので、散歩がてらカフェで読書をすることも多いです。

「丁寧な暮らし」という言葉、生活について思うこと
仕事の忙しさ、海外を行ったり来たりの不規則な生活で体調を崩しがちになっていましたが、まずは「掃除」を始めたところ少しずつ元気になりました。掃除を含め、目の前のことを大切にした暮らしが、心身の健康と幸せの源になると思っています。

3

食を大事にする

朝食、お弁当、
晩ご飯におやつ。
食を楽しんでいる人たちの
日々の工夫とアイデア。
そして気持ちの持ち方。

STAUB

ミニおにぎりとちょこちょこ盛りのおかずでお昼ご飯。家族であっという間に完食。つくねの甘辛照焼き、ほうれん草・ミニトマト・ツナの和え物、ごぼうの胡麻マヨサラダ、かぼちゃの塩バター煮、おにぎりいろいろ、玉ねぎと厚揚げの味噌汁、みかんと淡雪（白いちご）

22

速水まゆみさん

hayami mayumi

夫と子どものために心を込めて料理をしています

Instagram
「@__ma_ha」

毎日のご飯作りが好きです。料理好きになったのは、母の影響が大きいと思います。母はいつもバランスの良い食事を作ってくれていました。毎日学校から帰ると、「今日のご飯は何？」とメニューを聞くのが日課で、キッチンでお手伝いをしたり、母の作る姿を眺めたり……。家族で食卓を囲む時間が何よりの楽しみで、母は私に、手料理が心をあたたかくしてくれることを教えてくれました。今では私が夫や子どものために心を込めて料理を作っています。

なるべく地元の食材を使うこと、野菜を多くとること、旬のものをおいしく食べることを心がけています。

3人分の休日お昼ご飯。おにぎりいろいろ（高菜とたらこ・しそ昆布・梅干し・あみえびのふりかけ・わかめと柴漬け・蛸のジャン辛）、厚揚げの納豆チーズ焼き、冷やしトマトときゅうりのごまポン酢かけ、鶏つくね、卯の花、菜の花とスナップえんどうのお浸し、卵焼き、いちご

魚料理のレパートリーを増やしたい

この日は、土鍋（セラポット）で初めて炊いたご飯がふっくらおいしくてびっくり。

私はお魚よりお肉が好きなので、お肉のメニューはすぐに思い浮かんでもお魚のメニューはなかなか決まりません。魚料理のように作る前の下処理が大変なものは、作るのがおっくうになりがちです。もっと魚料理のレパートリーを増やしたいなと思っています。

ふぐ一夜干しのから揚げ、玉ねぎの豚肉巻き、小松菜とえのきの梅おかか和え、明太しらすおろし、じゃがいもと紫蘇ひじきのマヨサラダ、厚揚げと切り昆布の煮物、だし巻き卵、ラディッシュの甘酢漬け、塩むすび、白菜と桜海老の味噌ミルクスープ、いちご

献立は買い出し前に3、4日分を決めます

献立は、週に2回（火曜と土曜）の買い出しに行く前に、3〜4日分を決めます。まずお肉やお魚などの主菜決めたあとに副菜を考えます。お肉ばかりが続かないように、週に2回はお魚を食べるように心がけています。焼いたり煮たり揚げたり……と毎日調理方法を変えたメニューにしています。なるべく食材や味つけがかぶらないように、子どもも大人もおいしく食べられるメニュー作りを心がけています。

「和ンプレート」にちょこちょことおかずをのせるのが楽しくて、時間があるときにいろいろなおかずを作っています。ひとくち味噌カツ、きんぴらごぼう、枝豆とチーズのちくわボート、紫いもの大学芋風、大根とカニカマのマヨサラダ、ほうれん草・しめじ・ベーコンのバター醤油炒め、釜揚げしらすとねぎの卵焼き、おにぎり（いくら、しそこんぶ）、いちご

PROFILE DATA

▼住まい、年代、仕事、家族、趣味、特技
福岡県／30代／専業主婦／夫、自分、男の子2歳／器屋さんや雑貨店巡り、ドライブ、映画や音楽鑑賞

▼好きな家事
毎日のご飯作り

▼苦手な家事
部屋の掃除や整理整頓。掃除をしても、子どもがすぐおもちゃを散らかし、なかなか終わりが見えず、つい後回しになってしまいます。

▼住まい関連で楽しんでいること
料理が好きなので、キッチン周りは使い勝手が良いように食材や調味料等の収納の仕方やレイアウトを少しずつ変えながら楽しんでいます。掃除や片付けがしやすいように、ダイソーやセリア、ニトリなどのプチプラでシンプルな収納アイテムを使ってすっきりと統一感が出るようにしています。

▼家事関連でやりたいこと
ありとあらゆる収納の整理整頓。

▼自分の家事についての長所
やり方については、〝ついで家事〟を実践しています。ご飯の後、お皿を洗い終わったついでにシンクやコンロ、キッチン周りをきれいにしたり、お風呂に入ったついでに浴室の床や壁を磨いたり、朝いちばんにトイレに入ったついでにトイレの掃除をしています。

▼掃除や片付けの心がけ
玄関には極力物を出さず、その都度シューズクローゼットに片付けています。

おかずにもおやつにもかぼちゃ餅

簡単かぼちゃ餅です。タレは砂糖、醤油、みりん、酒を大さじ1ずつ最後に煮詰めて、焼いた餅に絡めます。みたらし風味です。

【材料】かぼちゃ¼個、片栗粉大さじ3、バター10g

【作り方】①かぼちゃを一口大に切り、鍋で茹でる。柔らかくなったらお湯を捨ててさらに火にかけて水分を飛ばす。②片栗粉を加えて、滑らかになるまで混ぜる。③粗熱がとれたら丸めて平らにする。④フライパンにバターを熱して、弱火中火で両面をこんがり焼いたら完成。タレはお好みでどうぞ。

肉と同じくらい魚が好きな夫からのリクエストでぶり大根、かぼちゃ餅（ゆで小豆）、鶏ささみの梅しそロールフライ、おからの炊いたん、かぶの葉ふりかけご飯、きのこの生姜スープ、みかんとキウイ。

調理前に器を並べておきます

いつも、ご飯作りを始める前に、料理をすぐ盛りつけられるよう、使うお皿をトレイに並べておきます。全体の盛りつけのイメージができるのと、器が好きなので並べておくとウキウキ楽しい気分で料理をすることができます。

昨日、吉田次朗さんの個展でお迎えしたお皿を使って。念願の器たち。嬉し過ぎて、盛りつけのときに緊張してしまいました。

休日のワンプレートお昼ご飯。いんげんとにんじんの豚肉巻き、海老のマヨチリソース、ほうれん草とコーンのじゃがいもお焼き、かぶとしめじのおかかポン酢和え、蓮根とにんじんのきんぴら、パプリカとツナのマリネ、トマトと卵のふわとろ炒め、おにぎり（梅と青菜いかの塩辛）、玉ねぎと厚揚げの味噌汁、いちご

PROFILE DATA

▼家事についての気持ちの持ち方

家仕事は全て、家族が笑顔で元気に過ごすための源だと思います。面倒と思うことも、家族のためと思うと自然と手が動きます。

▼理想の暮らしはどんなものですか

家族みんなが自然体でいることができる暮らし。無理のない丁寧な暮らしです。

▼理想の暮らしに近づけるための工夫

自分一人で考えて決めるのではなく、家族の意見を聞いて相談しながら生活すること。家族みんなが住み心地のよい、より良い暮らしに繋がるよう努力しています。

▼暮らしを楽しむために大切にしている時間

家族と過ごす時間、自分が好きなことをしている時間、どちらもバランス良く保つことによって日々の暮らしが充実しているような気がします。何事も「頑張り過ぎず、楽しむこと」をモットーにしています。

▼「丁寧な暮らし」という言葉、生活について、思うこと

「丁寧」という言葉は好きで、毎日を丁寧に暮らすことをいつも心の中に留めながら行動しています。忙しい毎日の中で、全てを丁寧にすることは難しくても、何か一つでもひと手間かけて丁寧にすることで、日々の暮らしがより豊かになるような気がします。丁寧な暮らしを意識することで、自然と相手を思いやる心が芽生えて家族みんなが笑顔になる……そんな生活を続けていけるように、これからも気負わず無理せず努力し続けたいと思います。

作り置きで夕食の支度がラクになります

今は育児中心の生活で、今後仕事を再開する可能性もあるので、簡単だけどおいしい！という料理が中心です。時間を見つけてはちょこちょこ作り置きや常備菜を作るようにしていて、そのおかげで日々のご飯作りが楽になっています。煮物や日持ちするものは週末に作っておいたり、前夜や朝のうちに1、2品作り置きしておくと、夕方からの夜ご飯の支度が随分楽になります。アツアツがおいしい料理は、材料を切るなどの下準備だけしておきます。

焼き鳥（鶏ももつくね）、蛸のから揚げ、納豆卵焼き、ほうれん草のピーナッツ和え、じゃがいもとベーコンのガレット、ひじきの煮物、蕪と厚揚げの煮物、おにぎり（ルイベ漬け）、小松菜としめじの味噌汁、いちご

簡単でもいいから心を込めて

小さい頃から料理が好きでしたが、Instagramを始めて、いろいろな方のお料理の写真を拝見し、アイデアをいただくようになってから料理がますます楽しくなりました。簡単でもいいからひと品ひと品に心を込めて作ろうとあらためて思ったのは、92歳の料理家・桧山タミさんの影響。テレビや本を見て本当に素敵な方だなと憧れています。

鮭のフライ、マカロニとコーンのケチャップ炒め、蓮根とベーコンの塩きんぴら、豆苗とにんじんのごま和え、大根の鶏ひき肉あんかけ、青菜のっけご飯、かぼちゃと玉ねぎの味噌汁、いちごでした

枝豆にとうもろこし。夕飯のお手伝い。すぐ小競り合いを始めますが、仕事は丁寧な2人です。

お家でパン作り。くるみを入れるとすぐつまみ食いするパン屋さんです。

23

やまがたゆりかさん

yamagata yurika

家族の体を作る食べ物は命の源です

Instagram
「@sariikusii」

子どもが生まれたことをきっかけに食べることへの考え方が変わりました。家族の体を作るのは食事であり、食べ物は命の源だと思います。そして、料理は家族の笑顔を見ることができる家事だから、好きです。なるべく季節のおいしい食材を使って、一汁二菜で頑張り過ぎないように。

最近は子どもが大きくなってきたので、一緒にやれることが増えてきました。家事をしている間、子どもを待たせるのではなく、子どもと一緒に家事を楽しむことができて嬉しいのです。

子どもと梅シロップ作り

梅シロップ作り。いつも氷砂糖とてんさい糖の2種類を作っているのですが、今年はてんさい糖に「玄米水飴」を混ぜてみました。どんな味になるかしら。その他に今年初めて、「三河みりん」で梅酒も作ります。

姉さんは梅職人のようでした。まだか～まだ飲めないのか～と毎日騒いでます。

子どもたちにぴったりの仕事です。

なかしましほさんのクッキーが好き

なかしましほさんのお菓子レシピが、シンプルですごく美味しくて好きです。子どもとのお菓子作りが楽しくなりました。

クッキーの目は竹串の背で、鼻と口はスプーンを使います。焼く前にチョンチョンと。あっという間に子どもたちのお腹の中へ消えていきました。

どれから食べるか迷い中の娘。

PROFILE DATA

▼住まい、年代、仕事、家族、趣味特技
横浜／30代／ぬいぐるみ作家／夫、自分、長女7歳、次女5歳、猫／手芸

▼好きな家事
料理。

▼今後やってみたいこと
ぬか床に挑戦したいです。

▼食に関しておすすめしたいもの
醤油麹。これで味付けするだけで美味しくなって料理が楽に。醤油麹とオリーブオイルとお酢で簡単なドレッシングが作れるなど、いろいろな使い方ができます。

▼家事について心がけていること
自分の時間を確保できるように、やれるときに一気にやります。

▼片付けについて心がけていること
食器洗いはためずにすぐやる。

▼掃除や片付けについて影響された人
時間の使い方が上手なお友達に影響を受け、参考にしています。

▼掃除や片付けで苦手なこと
洗濯ものをたたむこと。

▼掃除や片付け関連で得意なこと
トイレ掃除が好きです。きれいにしていると気持ちいいから。

▼住まいに関しておすすめしたいもの
メインの掃除機はマキタのコードレスのものを使用し、サブでダイソンのハンディを使用。気になったときにすぐに掃除できるから便利です。ダイソンのハンディで棚の上などほこりがたまりやすいちょっとしたところをサッと掃除できるので楽できます。

食材に合わせて1週間分の献立を決めます

生活クラブ生協の食材が毎週月曜に届くので、それに合わせてざっくりとした1週間の献立を決めるようにしています。

1週間分の献立を決めることで、先の献立の下ごしらえを事前にやっておくことができて、後が楽になります。例えば、今日の料理に使うにんじんを切るついでに、明日の献立に使用する分のにんじんも切っておくことができます。

作り置きも含めて、時間があるときに3日間分くらいを一気に作っています。

この日の作り置きおかず。片っ端から食べようとする人（ほっぺには枝豆がたくさん入ってる）。

PROFILE DATA

▼理想の暮らしはどんなものですか

家族みんなが居心地よく暮らせること。

▼理想の暮らしのために心がけていること

みんなの生活なので、みんなで家事を協力し合っています。家事についてお母さんだけが頑張り過ぎて辛くなったり、イライラしてしまっては、元も子もないので。

▼暮らしを楽しむために大切にしていること

自分の時間を確保できるように、時間のやりくりをうまくできるように工夫しています。子どもとの時間だけでなく、一人の時間や夫婦の時間も大切にできるように。

▼「丁寧な暮らし」について思うこと

丁寧な暮らしをするためには、頑張らなくてはいけないというイメージがありますが、「丁寧な暮らし」は頑張る先にあるのではなく、楽しむ先にあると思います。他の誰かのためではなく、自分や一緒に暮らしている家族のためのもの。だから、自分や家族の居心地が良いことがいちばん。無理したり、頑張り過ぎたりせず、自分に合った暮らしのスタイルを探していくことが大事だと思います。

手作り肉まんで朝ご飯

肉まんが無性に食べたくなって作りました。肉まんみたいなほっぺでもぐもぐする娘。

シンプルな味付けで美味しいものが好きです。起こした酵母で作ったパン生地を肉まんの皮にも使用しています。肉まんの具は、豚挽き肉と長ねぎのほかに、茹でた葛きりを入れるのがおすすめです。味付けは、オイスターソース・醤油・塩・ゴマ油・生姜で。

子どもたちには素材自体のうま味を感じてもらいたいと思っています。

シンプルがいちばん美味しい。

今日のお弁当

「今日は何が入っているかな？」と幼稚園に持っていったお姉さん。喜んで食べてくれたかな。

料理については、マクロビオティックを実践している友達から影響を受けています。自分はマクロビではないけれど、マクロビの良いところを取り入れている今日この頃です。

曲げわっぱのお弁当箱で。

バラの花びらで酵母を起こしました

パン作りが好きなので、いつも酵母を起こして、パンを焼いています。

バラの花びらから酵母を起こしてパンが焼けることを知り、早速挑戦してみました。

材料は花びらと砂糖とお水だけ。なんたるメルヘン！　うまく発酵するといいな。

忘れていた乙女心がよみがえる「バラ酵母」作り。

お茶の時間に来たくま

お茶の時間、くまさんにもおやつをあげました。

「サリークシー」という名前で私が製作しているクマのぬいぐるみは、子どもたちのままごと遊びにいつも参加している、大事な遊び仲間です。

子どもたちと一緒に作った、バナナマフィンとココアパウンドケーキで楽しいお茶の時間です。

お茶の時間は「サリークシー」と。

24

みずかさん

mizuka

週1回、作り置きを頑張っています

来週の「心の支え」。奥の左から、おつまみきゅうり、紫玉ねぎの甘酢漬け、アンチョビキャベツ、にんじんの梅の香ひじき和え、なすと長ねぎのタイ風炒め、ツナとにんじんのメキシコ風、ハニーマスタードチキン、紫玉ねぎスライス、麺つゆ味玉、れんこんの甘酢漬け、紫キャベツのクミンマリネ、小ねぎカット。この日は他にもブロッコリーを茹でたり、菊花かぶの甘酢漬けを作ったりしました。

Instagram
「@xmizukax」

ブログ「ヲトナベントー」
http://xmizukax.jp/

旬の野菜を使って1週間に1日だけ副菜の作り置きを頑張っています。メイン料理は味付け冷凍しておいて、あとは調理だけ、というように、疲れていたり、やる気がなくても「これだけだからやろう!」と思える状態にしています。おかげで毎日のお弁当と食事の準備が格段に楽になっています。

献立は色を重視しています。色数を多くすることで彩りの良さだけではなく、さまざまな栄養もとれると考えています。そのため作り置きをする前に、作るものを食材の色から決めて材料の分量、切り方、調味料をまとめた「工程表」を作っています。それをもとに、買い物に行くようにしたら、在庫の確認をして、無駄が出なくなりました。冷蔵庫の中も、在庫確認が一目瞭然でできるように整理しています。

左／来週の「心の支え」。ささみとオクラのマヨポン炒め、れんこんの明太チリマヨ、芽キャベツのガーリックオイル蒸し、春菊と黒豆のかぼす胡椒マヨ、紫玉ねぎの甘酢漬け、にんじんのクミン炒め、豆苗玉子、海老のハーブオイル漬け、スパイシーごぼう炒め、赤大根の浅漬け、鶏むね肉の利休焼き、赤大根の甘酢漬け、カレー味玉、紫玉ねぎスライス、牛こま肉と玉ねぎの粒マスタード炒め、にんじんのアジアンドレッシング、アンチョビひじき　右／「味付け冷凍」たち。コストコで仕入れた、「さくらどりむね肉」「さくらどりささみ」「白身魚」に下味を付けて、お弁当1回分くらいずつ小分けに冷凍してます。12種類の漬けだれ（トムヤム、コンソメパンチ、エスニック、タンドリー、トマチリソース、バルサミコ照り焼き、コチュマヨオニオンハーブ、タンドリー、ピリ辛味噌マヨ、塩麹マスタード、カレー味噌マヨ、ケチャップサテ）に漬けて冷凍します。

料理好きになるためにキッチンリノベ

フルリノベーションした我が家。構想1年、施工4カ月という、我が家にとっては一世一代の大プロジェクトでした。キッチンは、料理嫌いを克服できる、行きたくなるキッチンを目指しました。ミッドセンチュリーのカフェ風で、ホッと落ち着ける、程よい生活感がある雰囲気を目指しています。作り置きするときはスペースが広いほうが便利なので、広いワークトップにこだわりました！

上／マンションなので基本的には水回りの位置は変えられないのに、大幅に位置を変更。ガス台のあたりが以前シンクがあったところです。床下に配管してもらったので、キッチンが1段高くなっています。　左下／アイランドキッチンですが、犬を3匹飼っているので、入れなくするように扉を付けてもらいました。　右下／3歩しかないパントリー。物が入りきらないのでIKEAのワゴンを置いています。

PROFILE DATA

▼住まい、年代、仕事、家族、趣味特技

東京／40代／専業主婦／夫、自分／野球観戦、観葉植物、読書、週1〜2回7年ほど続けているピラティスと加圧トレーニング

▼好きな家事

洗濯物を干すこと。かごから洗濯物がなくなったときにすっきりします。しわを伸ばしてしまう場所ごとに干しています。

▼苦手な家事

掃除と料理です。整理整頓がヘタなので。料理は結婚してからもほとんどやったことがなくて、苦手意識が強いです。

▼家事について以前と変わったこと

おととし、自宅をリノベーションしました。苦手な家事のために、整理整頓しやすく、料理をしたくなるようなキッチンを考え、広くて冷暖房が効きやすいアイランド型に変更しました。それにより、上手になった気がして、やる気が出てきました（笑）。

▼食についてのこだわり

主人のために糖質控えめ、野菜多めを心がけています。野菜を先にとることで、糖質の吸収を抑えるベジファーストを実践しているので、野菜たっぷりのメニューがこだわりです。クックパッドのレシピエールとしてレシピを公開しています。

「みずか★のキッチン」　https://cookpad.com/kitchen/2341306

金曜恒例の「花金弁当」

毎週金曜日は1週間頑張った自分へのご褒美と、「花金」にちなんで、花モチーフのお弁当を作っています。今回は、Instagramの@vivienne_glow、まみちゃんの薔薇おにぎりに挑戦しました。Instagramで仲の良い友達のレシピを作り合ったり、ときには同じ日に、同じものを作って楽しむこともあります。まだまだ得意とはいえないのですが、飾り切りや盛り付けを楽しんでいます。

左／フィッシュティッカ（白身魚のタンドリー）、にんじんのクミン炒め、芽キャベツのガーリックオイル蒸し、「バラディッシュ」、アンチョビひじき、春菊と黒豆のかぼす胡椒マヨ、薔薇おにぎり（紅化粧大根の甘酢漬け）　右／グルグル肉巻き、グルグル卵焼き、ブロッコリーの胡麻油和え、みょうがの甘酢漬け、バラのラディッシュ、お花ご飯

時間のないときは「速攻乗っけ弁」

「速攻乗っけ弁」。なんも考えずに端から乗っけるだけの乗っけ弁は、時間に余裕がない朝にぴったり。

母は料理がヘタで、私もその遺伝子が引き継がれました（笑）。たまに作る父の味付けがとてもおいしくて、飲兵衛だった父のおつまみ的な味付けが遺伝しているのか、私が作ると全ておつまみになります（笑）。

上／牛こま焼肉（いただきものの「スタミナ源たれ」で）、にんじんのかぼす煎り酒和え、みょうがの甘酢漬け、オクラのめんつゆ漬け、玉ねぎの甘酢漬け、ゴーヤのクミン炒め、味玉、紫キャベツのバルサミコマリネ　下／牛こま肉と玉ねぎのマスタード炒め、豆苗玉子、にんじんのクミン炒め、れんこんの明太チリマヨ、アンチョビひじき、赤大根の浅漬け、紫玉ねぎの甘酢漬け、玄米ご飯

PROFILE DATA

▼理想の暮らし

「暮らし」というと、真っ先に「家」が浮かんできます。ホッとできる空間でおいしいお酒とご飯。程よい生活感があり、使いやすくしまいやすい、かゆいところに手が届くような部屋が素敵だと思います。時間をうまく使って、気持ちにゆとりが持てる暮らしが理想です。

▼暮らしを楽しむための時間

趣味と友達との時間を大切にしています。野球観戦が好きなので、同じ趣味の仲間とスタジアムに出かけたり、趣味のものを飾るスペースを作っています。

▼「丁寧な暮らし」という言葉、生活について、思うこと

昔ながらの暮らし方が「丁寧な暮らし」というイメージがあります。梅干しや味噌を仕込んだり、雑巾がけをしたり、「暮らす」ことを目的として、大切にしている生活。現代は、意識していないと仕事や遊びが多岐にわたり、余裕がないこともあります。時間の使い方がうまく、家事や仕事はテキパキとこなし、のんびりとお茶を飲みながらホッとしたひとときを過ごすような、緩急のある生活が、丁寧な暮らしなのかなあと思います。

ささみでサラダチキン

「ささみdeサラダチキン」は鶏ハムと同じ作り方で、巻かないから楽です。ジップロックで鶏肉にお好みで味を付けて、そのままひと晩置いておきます。お鍋に沸かしたお湯につけて冷めるまで放置しておくだけ。今回は塩胡椒と乾燥ハーブで。ハーブはバジルたっぷりにオレガノとパセリを少しずつがお気に入りです。

ささみdeサラダチキン、ちくわぶのピリ辛煮、オクラの麺つゆ漬け、みょうがの甘酢漬け、にんじんの梅の香ひじき和え、きゅうり巻きおにぎり

料理をどうにかして楽しみたいから器や盛り付けにこだわります

料理は基本的に苦手だし、嫌いだし、おっくうです！（笑）それを、どうにかして楽しみたいという気持ちから、器や盛り付けにこだわってみたり、Instagramで友達を作って、お互いに励みにしています。おいしければ盛り付けや器なんで関係ない！　というのは、料理上手な方にあてはまると思っています（笑）。私は、大好きな器に、きれいな盛り付けをすることで、テンションが上がり、SNSでのコメントにやる気をもらっています。

鶏ハム イタリアン風、パプリカのソース炒め、ツナとにんじんのメキシコ風、基本の味玉、黒豆のジェノベーゼ、紫キャベツとブラックオリーブのマリネ、里芋のねっとりサラダ、にんじんの白だし煮、生ハムおにぎり

上／本日の娘R弁当はぶっかけそうめん。味玉、千切りきゅうり、かき揚げとオクラ天、スープジャーに冷たい麺つゆ。久しぶりだったのでそうめんの茹で時間を間違いました。バリカタです。　中／本日の息子L弁当は冷やし中華。味玉、きゅうり、ハム、カニかま、蒸し鶏。今日はシマダヤの冷やし中華110ｇ×3玉。余裕でアイザワのお弁当箱1000㎖に収まります（笑）。下／息子Lと娘R弁当。ざる中華。味玉、千切りきゅうり、しっとり蒸し鶏。息子3玉、娘1玉。マルちゃんのざる中華麺が1玉150ｇ、3玉に具をのせたらアイザワ1000㎖の蓋が閉まらない気がする。

25

mikaさん

mika

こだわり過ぎないのがいちばんのこだわり

Instagram
「@mikason925」

食についてのこだわりは、「おいしいと思うものを食べる」「いろいろなものを食べる」「旬の野菜をたっぷり」「できるだけ変なものが入ってないもの」「でも無理はしない、ストレスにならない程度に」「味は素材の味がなくならないように、そして素材の味が引き立つように、あまり濃くない味を」「でも運悪くあまり美味しくない素材にあたった場合はそれをおいしく食べられる味付けを」「（とくに子ども達に）おやつよりご飯をしっかり食べさせる」……いろいろ書き連ねましたが、こだわり過ぎないのがいちばんのこだわりかもしれません（笑）。

だし巻きと鶏の照り焼き弁当

京都物産展で実演してたおじさんの鮮やかなだし巻き作りに魅了されて買ってきただし巻き。

先日、部活も塾もなしだった娘。「1日中寝るから」と宣言していたけど、0時頃寝て、翌日21時過ぎ起床。兄を越したな。

「さいき家」のだし巻き玉子、鶏の照り焼き、ほうれん草のおかか和え。

本日の娘R《レギュラー》弁当

酢豚の味がいい感じに決まった！　角切りの豚肉200g弱。下味に塩、酒、重曹ひとつまみ。片栗粉をまぶして焼き、醤油25㎖、黒酢20㎖、砂糖小さじ1強を絡めてでき上がり。

黒酢の酢豚、菜の花胡麻塩和え、味玉、にんじん明太子きんぴら、ごぼう梅干しご飯

PROFILE DATA

▼住まい、年代、仕事、家族、趣味、特技

神奈川県／40代／専門学校非常勤講師／夫、自分、息子17歳、娘14歳／晩酌、ジムでのワークアウト、サイクリング

▼献立はどのように決めますか

基本は家にあるものを中心に。和洋中エスニック折衷大歓迎、料理の統一感にはこだわりません。たんぱく質メインのおかずに野菜海藻などのおかずを2〜3品用意したいと思っています。でもその食事でバランスが良くないときは前後の食事で調整すればいいかなって、適当に考えてます（笑）。

▼お料理について影響された人

母からは計量しなくても自分の味になるよう作るということを学びました。母も目分量の人でした。自分の舌と鼻と目と耳と手で味を作るやり方は母譲りです。調理のプロの友人からは計量することで、自分の知らない味でも味が再現できるということを学びました。どちらも私のご飯作りに生かされてます。

▼お料理で苦手なこと

緻密な計量が必要なお菓子作り。

▼お料理で好きなこと

同じ料理を違う方法で作って、味が違うかを実験するのが好きです。例えば、ローストビーフやローストポーク、鶏ハムの調理温度と時間を変えてみる。低温調理をもっときちんとやってみたいです。肉だけじゃなく、魚や野菜も。

『チオベン』の豚ヒレスパイシー揚げ

豚ヒレスパイシー揚げは山本千織さんの『チオベン』より。自分じゃ絶対思いつかない食材や調味料の組み合わせ。厚めの衣で150度でじっくり揚げるとか、目からウロコです！

豚ヒレスパイシー揚げ、味玉、ブロッコリーの胡麻和え、かぼちゃ塩蒸し、ごぼうの青のり唐揚げ、筋子と鮭とおみ漬け（山形の漬け物）のおにぎり

いわしの山椒つみれ焼き

いわしの山椒つみれ焼きは、いわしのすり身に塩、みりん、片栗粉、山椒粉、玉ねぎのみじん切りを混ぜて焼くだけです。昨日の息子のおやつ（夜8時過ぎ）は丸亀製麺だったそう。「ぶっかけ（並）に温玉を乗せて、全部食べたら、残った温玉汁に揚げ玉と青ねぎをたっぷり入れて食べればお腹いっぱいになるよ」とのこと。そして帰ってきてからも、もちろん夕食を食べていました。

鰯の山椒つみれ焼き、甘い卵焼き、生クリーム入りおからサラダ、豆苗明太子炒め、野菜煮たの、ほぐし鮭ご飯

PROFILE DATA

▼食に関しての工夫

買ってきたものを冷蔵庫にしまうときに、すぐに使えるようひと手間かけてからしまいます。たとえば納豆は1個ずつにバラしたり、野菜を洗っておいたり、きのこもバラしておいたり……、などです。また、食事の準備をするときには、その食事に使う材料で、もう一つ簡単な下ごしらえをしたものを作るようにしています。たとえば、コールスローを作るときには、千切りしにくい端っこの葉っぱや、端っこのにんじんを適当に切って、翌朝の味噌汁の具にします。また、大根の煮物を作るときは、大根の端材の皮をきんぴら用に千切りにして、軽く干しておきます。ついでに大根のサラダかマリネか甘酢漬け用に、塩もみ大根も作っておいたり……。わざわざ材料を出して新たに下ごしらえするよりも、ついでにやったほうが早いし、洗い物も少なく済むので楽です。

▼理想の暮らし

毎日みんなが笑っていられる暮らしです。

▼理想の暮らしのための心がけ

嫌なこと、大変なことはなんでも「適当」「大体」「まあいいか」って思うようにしてます。こう思うとそのことについてあまり考え過ぎなくてよくなる気がして。人のせいにしない。なんでも人のせいにすると考えがダメなほうに行ってしまって楽しくなくなるので。

スープジャーに牛丼の具

サーモスのスープジャーに牛丼の具。前にこのお弁当を作ったときに乗せた温玉。生かと心配してたら普通のゆで卵になってたらしく、剥くのに一苦労したと大クレーム。大人なので失敗は繰り返しませんよ！ 市販の温玉を買ってきました。

牛丼温玉のっけ、菜の花芥子和え

珍しく作り置き

明日から数日間、私だけ秋田に帰省。こっちに残る息子と娘（と余れば夫の）ご飯。3人とも食事時間がバラバラだから、それぞれ1食分ずつ、100円ショップの使い捨てパックに詰めて完成。冷蔵庫から出してチンすれば食べられるよ。

上段左から唐揚げ1kg弱、サラダの材料。中段左からニラ玉、米なす田楽の味噌を塗る前、鶏むねハーブパン粉焼き、豚こま味噌マヨだんご、ひじきと豆の煮たもの、揚げなすポン酢浸し。下段左から、野菜炒め、鶏モモとエリンギのマスタードクリーム煮、豚汁。

PROFILE DATA

▼暮らしを楽しむために、大切にしていること

自分の気に入った調理器具、食器を使うこと。自分がおいしいと思うものを作ること。そしてゆっくり食事をする時間を大切にしています。

▼「丁寧な暮らし」という言葉、生活について、思うこと

丁寧な暮らし、憧れます。でもなんでも適当な私には丁寧に暮らすのはなかなか難しいなあと気がついてます（笑）。丁寧に暮らせなくても、楽しいからまあいいかって思ってるので、一生憧れで終わりそうです。

トンビに肉を食われたから

昨日、好物の牛丼弁当を半分残してきた息子。なぜならば「トンビに肉を食われたから」だって。誰かがふざけてジャンパー投げ付けたと思ったら、トンビだったって。3人並んで食べてたら、3人一気にやられた、テクニシャンなトンビだったみたい（笑）。A型の息子はその後箸がつけられなかったらしい。

豚ロース生姜焼き、アスパラの春巻き、味玉、にんじん明太子、ブロッコリーとカリフラワーのバター蒸し

ストウブ鍋で無水肉じゃが

昨夜はストウブ鍋で無水肉じゃが。水分が少ないとお芋はホクホク、味はしっかり。玉ねぎ、糸こん、煮崩れたジャガイモに汁がたっぷり絡んだところを、ご飯にのせてワシワシ食べていた息子。弁当の分を確保しておいて正解でした。

塩鮭を焼いたの、卵焼き、小松菜としめじのごま油炒め、無水肉じゃが、ひじきの煮もの

お野菜たっぷりのポトフ、ナマコ。大きめのお野菜をたっぷり使って煮込んだポトフは家族に喜んでもらえました。

26

なおさん

nao

お母さんって魔法使いみたい！と娘に言われました

Instagram
「@nao__pyon」

左／クリスマスなのにオーブンが壊れ、ケーキもローストチキンも作れず困りました。でもお肉たっぷりのビーフシチュー、サーモンサラダ、生フェットチーネ、エイジ・ニッタのクリスマスケーキで楽しいパーティになりました。　右／自慢のラザニアは生クリームで作ったホワイトソースが入っているのでとてもコクがあります。

お料理が好きです。作ることも楽しく、疲れて帰宅した

家族が美味しそうに食べてくれるのを見るのが嬉しい。お料理について、苦手だったり、おっくうだったりすることはありません。

野菜をたくさん使い、温かいお料理は温かく、冷たいお料理は冷やして、揚げ物は揚げたて、焼き物は焼き立てを食卓に並べるようにしています。

娘が小さい頃、よく一緒にお買い物に行っていました。その食材を料理して食卓に並べると「お母さん魔法使いみたい！」といっておいしそうに食べてくれたことが励みになり今日に至っています。

お買い物は 毎日 行きます

毎日お買い物に行っていますが、そのときに目に付いた食材でメインを決めて、副菜はそれから考えています。平日は娘と2人なので娘の好きなメニュー。

単身赴任の主人が帰宅する週末には自宅でゆっくりお酒を楽しめるメニューや主人の好きなものを作ります。そのため、食卓にはいつもよりたくさんのお酒が並びます。

上／フライ盛り合わせ。海老・ズッキーニの肉巻き、アスパラの肉巻き、タルタルソース添え、お野菜もいろいろ、ミネストローネ（昨日の残り物）、ピリ辛きゅうり　フライが多くてお皿からはみ出しそうになり笑いました。　左下／トマトとパルメザンチーズのパスタ、鶏むね肉の香草パン粉焼き。　右下／娘とふたりご飯でも、全力です。

PROFILE DATA

▼住まい、年代、仕事、家族、趣味特技

兵庫県西宮市／コールセンター事業部のオペレーター／夫、自分、次女（社会人）。嫁いだ娘と孫が2人います／洋楽を聴くこと。ジムでエアロビクスとトレーニング、スキー、ドライブ

▼好きな家事

料理

▼苦手な家事とその理由

特に苦手な家事はありませんが、アイロンがけは好きではありません。

▼掃除や片付けの心がけ

コンロと周辺の壁は、翌日も新たな気持ちで料理を始めたいので、汚れが残らないよう毎日必ず拭いてきれいにしています。

▼食についてのこだわり

国産の食材を使い、品数を多めに作るようにしています。晩酌を楽しんでるのでお酒に合うメニューを多く作っています。

▼お料理について影響された人

義姉が何でも手作りします。家族のために一生懸命お料理されてるのを見て見習おうと思いました。

▼食に関しておすすめしたいもの

昨年ブレンダーを初めて購入しましたが、お野菜のみじん切りが簡単で驚きでした。ポタージュも頻繁に作るようになりました。今まで手切りしてた苦労と時間が無駄に思えました。

器選びも料理の楽しみ

決しておしゃれではありませんが、家庭料理を得意としています。たくさんのお野菜を作家さんの器に彩り良く盛り付けるときがいちばん楽しいです。器はまだまだ数点しかありませんが、選ぶ楽しみができ、さらに料理への楽しさが増しました。

鶏モモ肉の唐揚げ、肉じゃが、具だくさんお肉のスープ、いちじくとオレンジ　いくらご飯のいくらは、昨日筋子から作った自家製いくらの塩漬けです。

ハッシュドビーフをリメイク

今夜はハッシュドビーフのリメイク。玉ねぎのみじん切りとベーコン、洗っておいたお米をバターで炒め、少しのケチャップで色付けをした後、炊いたバターライスをオムライスにしました。たっぷりのハッシュドビーフを盛り付けて完成。

なすと豚バラ肉の蒲焼き風は、焼いたなすと豚バラに煮詰めたタレをかけて薬味はシソ、白ねぎ、ミョウガで。

アスパラガスはガーリックオイルでソテーし、自家製にんじんドレッシングでいただきました。

ハッシュドビーフはいつも多めに作り、2、3日寝かせてからドリアやオムライスにしています。

PROFILE DATA

▼今後チャレンジしていきたい献立
嫁いだ娘が小さな孫を連れてくることや遊びに行くことがあるので、子どもが喜ぶメニューも作っていきたいです。

▼理想の暮らしはどんなものですか
すっきりと片付いたお家と、美味しい食事で安らげること。

▼「丁寧な暮らし」という言葉、生活について、思うこと
無理のない範囲で日々の自分の家事や趣味などを大切に楽しみながらおこなうことだと思います。

コンロ周りは毎日拭いてきれいにしています。

今夜のおうちご飯は餃子

今日は買い替えたコンロの性能を活用して料理をしました。細かな温度設定やタイマーのおかげで、焦げることもなく、こんがりと美味しそうな餃子が焼けました。

コンロのスイッチを入れると換気扇が勝手に回り出したのは驚きました。家を建てたときに見た目で選んだ換気扇がコンロと連動するようで、13年経ったいま、その威力を発揮しました。コンロを消すと数分後に換気扇が止まるので嬉しいです。

餃子、ポテトサラダ、風呂吹き大根、もやしのナムル、あまおう。

お野菜のソテーをたっぷり添えて

今夜は娘とふたりご飯。ハンバーグにナポリタンとお野菜のソテーとポテトサラダを添えました。今日は合挽き肉と鶏モモ肉の挽肉だけ買って、後は冷蔵庫の中のお野菜で完成。

おとといは美容室へ。昨日は京都の治療院へ行きました。自分の時間も大切に考えています。

チーズインハンバーグ、色がピンクで綺麗なあかくら蕪の鶏そぼろ煮、ミネストローネ。

27

MANAMIさん

manami

時間をかけて コトコト煮込む ストウブ鍋家事貯金

豆サラダ、刻みオクラ、いちご、豚汁、手羽元唐揚げマーマレードソース和え、鶏ひき肉のお揚げさんくるくる巻き、トマトとウインナー入りキッシュ、まんまるおにぎり（串）、蛇腹きゅうりの浅漬け、なすと鶏肉の甘酢煮、葉野菜。

Instagram
「@bigmom10」

金柑のコンポート、キーマカレー＆目玉焼き、いちご、プチヴェールのペペロンチーノパスタ、マッシュポテトグラタン、カスレ（チキンレッグ、ソーセージと白いんげん豆の煮込み）。今日はじっくり時間をかけたお料理。

冷蔵庫から家事貯金（作り置きおかず）を出して、食べたら、食べた分だけ作って貯金（足す）するようにしています。

ガラスの器（保存容器）が好きです。時間がないときはこのまま食卓に並べます。そんなときもキラキラしたガラスの器を見ながら楽しい食事の時間が広がります。器から好きなおかずを好きなだけ取り分けながら食べるのも我が家流です。

大量に煮込んだときは保存容器に小分けして冷蔵庫に貯金します。ストウブの家事貯金は温め直しがきくし、ガラスの保存容器と同様、時間がないときはそのまま器代わりとなり食卓に並びます。

大好きなストウブの鍋

ストウブ鍋が大好きです。ストウブ鍋を使った後は、中性洗剤でつけおき洗いをしてから、よく水を拭き取ります。水を拭き取り乾燥させてから、私はココナッツオイルを薄く全体に塗ってから片付けます。長持ちさせるコツは、やはり優しくお手入れするのがいちばんです。大雑把な私でもできちゃう丁寧な暮らしの一つです。

バジルマフィン（チーズ入り）、焼きプリン、ポテト、手羽元唐揚げマーマレードソース和え、いちご、トマトのオリーブオイル＆ワインビネガー漬け、葉野菜サラダ、カラフルトマト、シードレスグレープ

「アサカシ」を楽しみます

夜活して仕込んだ餡。早起きしてたいた餅米でおはぎ（ぼた餅）を作りました

胡麻、かぼちゃ餡、みたらし団子、紫芋餡、粒餡、桜餡、栗餡、抹茶餡。ふるいともかずさんの「さざ波プレート」にのせて。急須は、大原光一さんのものです。楽しく作って、朝に食べるお菓子「アサカシ」を楽しみました。

8種のおはぎでアサカシです

PROFILE DATA

▼住まい、年代、仕事、家族、趣味特技
北海道／50代／クリエイター／料理、器集め、カフェ巡り

▼好きな家事
料理、洗濯

▼料理についてのこだわり
楽しく作って楽しく食べる。嫌いな食べ物を好きにさせること（工夫と努力）。みんなが笑顔になれる料理（メニュー開発）

▼苦手な家事
後片付け。できたらしたくなーいことです。

▼お料理について影響された人
祖母がいつも笑顔で楽しそうに家事をしている姿を思い出します。小学校生の頃に放送していた料理番組で、ふわふわの卵焼きの作り方を放送していてとても感動しました。それを真似して大量に作った記憶があります。

【富山孝一】トレイ／【小澤基晴】輪花豆皿三姉妹、輪花4寸（淡黄）、シュガーボール、蕎麦猪口

エコラップで使い捨てを減らします

保

保存容器や、エコラップを活用し、使い捨てを減らす工夫をしています。

愛用しているのは「こけびーラップ」。こけびーラップは、コットン布にBeeswax（ミツロウ）、オーガニックココナッツオイル、天然樹脂を染み込ませた食品保存用のラップなんです。抗菌性により、食品の鮮度と美味しさを長持ちさせてくれます。何度でも繰り返し使うことができます。見た目も可愛くて、保存に適しているし、なんせゴミを減らすと考えるとそれだけで嬉しくなります。

上／和柄のエコラップにおにぎりを。　左下／蛇腹きゅうりを添えました。　右下／繰り返し使えて衛生的なエコラップ。

PROFILE DATA

▼今後チャレンジしたいメニュー

スパイス料理、スーパーフード料理、カラフル野菜料理、身体に優しい料理

▼理想の暮らしはどんなものですか

家族だんらん

▼理想の暮らしに近づけるための工夫

必ず話をすること。どんなくだらない話でも話すことで家族の体調や心配事（悩み）を知ることができます。会話することで、暗かった気分も、笑い声と一緒に心の外へ吐き出されます。

▼暮らしを楽しむため大切にしていること

時間を大切に使うこと。人の縁を大切にすること。

▼「丁寧な暮らし」という言葉、生活について、思うこと

大雑把で、ズボラな私です。そんな自分だからこそ、少しでも「丁寧な暮らし」ができる人になれたらと思います。

ミモザのパッカンおにぎり【ミナペルホネン】タンバリン皿

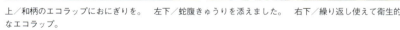

フライパン焼き餃子

フライパンで焼き餃子。紫キャベツとニラがたっぷり入った餃子です。

【材料】豚ひき肉300g、紫キャベツ半玉（みじん切り）、ニラ1束（みじん切り）、長ネギ1本（みじん切り）、おろしニンニク小さじ2、「LOVEパクチーソース」大さじ1、醤油大さじ1、餃子の皮大判60枚／付けタレは、柚子ポン酢、「LOVEパクチーソース」、辣油

【作り方】①みじん切りした野菜をぎゅっと絞りボールに入れる。②①のボールに、豚ひき肉、LOVEパクチーソース、醤油を加えよく混ぜ合わせる。③皮に包む。④フライパンで焼く。

【三方敏行（美濃三方窯）】粉引灰釉、大皿8寸・5寸／【宜龍】鎚目紋ガラス 片口ピッチャー／【北一硝子】グラス

今日の朝ご飯

たまに来る娘が「贅沢だなぁ」とボソッと呟きました。「素朴な素材なんだけど……何でかな?」と言いながらもぐもぐ食べています。娘との会話が弾んだ朝の時間でした。

この日の献立は、銀杏おこわと鮭、いんげんの胡麻和え、お花大根の味噌おでん、ちくわとネギのサラダ、いちごです。

【市野吉記（コウホ窯）】黒鉄釉輪花楕円皿、黒鉄釉輪花小鉢、黒鉄釉丸輪花小鉢、黒鉄釉匙皿／【高塚和則】トレー、花型コースター／【中西申幸】六角小付／【岩鋳】急須 マロン

揚げたてのチキンカツ

食材はなるべく有機野菜や無添加のものを選び、「まごはやさしい」の食材を取り入れるようにしています。和、洋、中で異なりますが、そこでもバランスを見ながらメニュー作りします。今日は、チキンカツ、2色キャベツの千切り、カラフルトマト、青菜のおにぎり柴漬けのっけ、プチヴェールと揚げの味噌汁、いちごです。揚げたてのチキンカツがおいしくできました。

【小澤基晴】しのぎ・浅皿七寸、しのぎ・浅皿四寸、しのぎ・五寸、しのぎ・豆皿、そば猪口／【高塚和則】トレー、花型コースター／【岩鋳】急須 アラレ

今日はちらし寿司

今日は息子の誕生日ランチ。メニューは、息子が希望したちらし寿司、なすとししとうの揚げ浸し、鶏スペアリブの甘辛煮、いちごです。家族揃ってのパーティは後日、温泉にて祝う予定です。

【市野吉記（コウホ窯）】安南手匙、安南手八角鉢、安南手雫鉢、安南手輪花皿、安南手浅小鉢、安南手六角形鉢

28

mariさん

mari

キッチンには1日中いても苦になりません

Instagram
「@mr06home」
「@mr06home_life」

4人のママで、フルタイムで働いています。以前はなるべく当日作りたてを食卓に並べたいほうだったのですが仕事で帰宅も遅く、手の込んだものが作れない苛立ち、お腹のすいた子どもたちを待たせたくないという想いで、少しずつ作り置きを始めました。

毎週、1週間分の作り置きのメニューを月・火曜までに決め、火・水曜で買い物、水曜の夜に野菜カット、木曜に調理のみ（3時間半から4時間）という1週間の決まりを作っています。

キッチンには1日中いても苦にならないくらい、料理をずっと作り続けられますが（笑）、好きなパンやお菓子を作りたいので、どうしたら早く作れるかを考えて、今のスタイルができました。

上／（写真左1列目上から下へ）れんこん豆苗たらこレモンあえ、さつまいもレモン煮、やみつきキャベツ、こんにゃくピーマンおかか醤油、紫大根出汁浸し、大根甘酢、そら豆粉チーズナムル、ミニトマトモッツァレラバジルオイル、チョコチップパウンドケーキ（写真左から2列目）鶏ごぼうの甘辛炒め、サラダチキン、鮭レモン焼きほぐし、稲荷揚げ、茹でかぼちゃ、春野菜サラダ、味玉、焼豚（写真左から3列目）茹で小松菜、紫白菜ラーパーツァイ、トマトシロップ、豚しゃぶのわさびマリネ、そら豆と新じゃがのスコップコロッケ、ダッカルビ漬け（写真左から4列目）油淋鶏、ブイヤベース、ハッシュポテト、春雨サラダ、カットネギ　下／（写真左から1列目）サムゲタン、回鍋肉、キャベツキッシュ、昔ながらのナポリタン、揚げだしなす（写真左から2列目）具沢山豚汁、カレー、鶏つくねとつくねれんこん、サラダ、かれいのレモンオイルホイル蒸し（ポリ袋入り）、海老ナゲット（写真左から4列目）自家製ミックスベジタブル下味冷凍、鶏天下味冷凍、カットネギ、チキンライス

常備菜を活用した運動会弁当

運動会弁当。こういうときも常備菜様々。朝作ったのは、変色が気になるものとご飯ものです。

もともと料理は好きでしたが私がここまで料理にはまったのは主人がプリンを作り始めたからです（笑）。主人が作るプリンは卵黄を使い卵白は不必要。その結果、卵白を使うお菓子ということでロールケーキ、そしてマカロンを作りはじめ、もっとうまく作りたいと毎日なにかお菓子を作るようになり、パンに移行しました。その後、作り置きに変わっていったのです。作り置きを時短するために、甘酢や万能調味料などはあらかじめ作っておきます。スィートチリソースやすし酢、麺つゆ、白だしなどの市販のものでも便利なものはどんどん使います。

上／ミニトマトとキャンディチーズのピンチョス、ネギ入りだし巻き卵、ピンクグレープフルーツとパプリカ豆苗のマリネ、ひよこちくわ、はちまきソーセー人、大葉ちくわ、きゅうりちくわ、かぼちゃさつまいも茶巾、黒豆、さつまいもレモン煮、唐揚げ、春巻き、サラダ巻き、金平ごぼう巻き、アスパラ肉巻きフライ、鰆西京焼き、海老バーグフライ、枝豆、紫キャベツマリネ、2色なます、ほうれん草胡麻和え、ほうれん草とにんじんのナムル、筑前煮、ハム巻きポテサラ、チキンロール、パッカンおにぎり＆ざくろおにぎり（いくら、海老マヨ）、フルーツ、杏仁豆腐。黒豆以外は手作りです。　下／スタッフドバケット（照り焼きチキン入り、バジルポテト入り）、ソーセー人、ヒヨコちくわ、だし巻き卵、ちらし寿司、オクラの胡麻あえ、オレンジゼリー、フルーツ

PROFILE DATA

▼住まい、年代、仕事、家族、趣味特技
福井／歯科医勤務（フルタイム）／夫、自分、長男16歳、長女13歳、次男8歳、三男4歳／お琴、三弦

▼好きな家事
料理。食べること、作ることが大好きだから♪

▼好きな家事についてのこだわり
いくら好きなことでも、作った後に疲れてしまっては元も子もないので子どもの寝顔を見るまでの自分の余力は残すようにしてます。

▼家事についての心がけ
家族が何の不安もなく、笑いあって、ありきたりの平凡な毎日を過ごせるように。でも、頑張ってる感が出ないように心がけてます。市販品が悪いとかでは全然ないですが毎日の食卓に並ぶご飯やケーキ、パンが愛のこもったあたたかいものだと感じて欲しいです。

▼お料理についておっくうなこと
地味で時間がかかる作業が苦手です。銀杏仕事、らっきょう仕事とか（笑）。やり始めるときは勢いで、でもおいしいから頑張れます。毎週の作り置きも作り始めるまではおっくうですが、やり始めたら調子づくのでとりあえず始めます。

▼お料理について楽しんでいること
昔は測ることが嫌いでしたが、お菓子やパン作りが今は大好きです。マカロンが成功して、測ることの大切さを感じました。

▼今後チャレンジしたい献立
梅干しやたくあん作り。昔から日本人が大切にしている食。

常備菜でお弁当

ご飯作りは、時短、節約、季節の食材、彩りを考えています。

母の味に近づけるように頑張っています。同じ材料、同じものを作っても母の味にはかないません。そんな母に作った料理が「おいしい」と言われるとやはり嬉しいです。

上／高校生弁当。海老バーグフライ、大根葉めし、蜂蜜蓮根レモン酢のレモン、味玉、五色豆、ミニトマトのカプレーゼ、ひじきとピーマンの味噌マヨ、フリル金平、にんじんナムル、紫芋茶巾。　左下／次男遠足予備日お弁と高校生息子お弁。木曜は常備菜がないから苦しい〜のに、2つ。冷蔵庫に何もないから、パパッとできるおかず。塩焼きサバ、だし巻き卵、焼きれんこん、小松菜ナムル、にんじんナムル、紫キャベツのマヨサラダ、赤ウィンナー。　中央下／高校生弁当。すだちのオイルおにぎり、なめ茸蓮根バーグ、万能調味料だれ、かぼちゃのガーリックバター、出汁巻卵、薩摩芋とベーコンのサラダ、麺つゆで簡単春雨サラダ。　右下／高校生弁当。漬物弁当、赤＆紫大根の浅漬けおにぎり。食用菊甘酢のっけ、野菜と肉の揚げ巻き、ほうれん草のおひたし、豚と春雨の炒めもの、なすのバルサミコ揚げ浸し、カニカマくるくる卵焼き

PROFILE DATA

▼理想の暮らしはどんなものですか

時間の流れを感じられるゆったりとした暮らし。周りにある物に感謝し、忙しい中にも日本人らしい心を感じ、時間をかけた料理や季節感あふれる料理を作る暮らし。

▼理想の暮らしに近づけるため心がけていること

らっきょう、梅酒、かりん、銀杏、栗やおせちなど季節を感じられる丁寧な仕事にチャレンジしています。美しい料理や風景、器、光などを写真に残して感性が少しでも高められればと心がけてます。

▼暮らしを楽しむために大切にしていること

家が荒れていると、心にゆとりがなくなるので、ミニマムでシンプルな暮らしを目指しています。料理やお菓子やパンはなるべく手作り。でも無理をせずにたまには外食をして息抜き、リフレッシュ。外食の料理をどうにか真似したいと考えたり（笑）疲れない暮らしを目指しています♪

▼「丁寧な暮らし」という言葉、生活について、思うこと

1分1秒を大切にしたいです。同じ1時間を過ごすなら、テレビを見るよりも、家族の笑顔のためにパン作りを楽しみたい。また、日本人として、洋を取り入れながらも、昔ながらの和を楽しめる暮らし方がいいなと思います。かといって無理せず、自分なりの考えを持った、疲れない暮らしが理想です。

一人鍋は お味噌汁感覚で

我が家の一人鍋は、お味噌汁感覚でいただいてます。
こちらは常備菜を活用した晩ご飯です。

一人うどんすき鍋（白菜、ネギ、豚肉、はんぺん、うどん）、小田巻き蒸し、しいたけかまぼこうどん、☆トマト、きゅうり、菊の玉ねぎドレッシング和え、チキンカツ、きのこ炊き込みご飯 いくらのっけ、柿

フルーツビネガー始めました

今回作ったのはブルーベリー、アメリカンチェリー、キウイ、オレンジ、ぶどう。

【作り方】酢：氷砂糖：フルーツ1：1：1の割合でビンに入れ、氷砂糖が溶けたらオッケー。冷蔵庫なら1カ月持つようです。

【使い方】ビネガードリンク（水、炭酸、牛乳、豆乳で割って）、無糖ヨーグルトにかけたり、ドレッシング（オリーブオイルに塩胡椒）で、使っていこうと思います。

ブルーベリービネガーを牛乳で割って飲みました。すっきり、でも、甘みもあってデザートのようでした。

牛乳で割ると、デザートみたいになります。

今日の朝ごパン

チョコ山食の中にはチョコチップをたくさん入れました。キャラメルソースの上にカラフルなたくさんのフルーツを載せて。いずれ自家製酵母でパン作りをしたいです。

ミニチョコ山食で、オープンフルーツサンドです。

朝ごパンを焼きました

土曜、朝ごパンを焼きました。

我が家の食費について。作り置きは大体約1週間分で後半は冷凍を作り足します。作り置きは1週間、家族6人で7000円前後に仕上がります（調味料、米、飲料は別です）。

雑費も入れて……作り置き7000×5＝3万5000円、その他お菓子、小麦粉、製菓材料、飲み物、酒、調味料、雑費など3万5000円。月7万円くらいです（食費＋雑費／家族6人）。

「チョコミルクハース」と平焼きあんパン。

上／みんな一緒に丸弁当。切り込みを入れた長いソーセージは丸いお弁当箱にぴったり。あらびきハーブソーセージ、青のりじゃがバター、半熟ゆで卵、キャベツとハムのマヨサラダ、ブロッコリー、桜大根　中／今日は4人分のお弁当。塩おにぎり、カジキマグロのステーキカツ、かぼちゃサラダ、チーチクだし巻き玉子、たけのこと豆苗の和風ナムル（パパだけ）、桜大根、（離乳食）根菜の出汁煮と海苔お粥。何が大変って離乳食のお弁当がいちばん大変です。　下／みんなでサンドイッチ弁当。ハムチーズ卵サンドをメインに、大人はレタス入りで子ども用はレタス抜き。末っ子の離乳食は角切り食パンと崩しゆで卵。

29

あゆさん

ayu

お弁当作りを楽しんでいます

Instagram
「@a.jinja」

小さな箱の中に、おいしい世界を詰め込むのが楽しいので、お弁当作りが好きです。普段は主人の分だけですが、週末には子どもたちの分も作ってお出かけをしています。大勢のお弁当を作る方が楽しいので好きです。

特別なものを使わない。身近なもので、安く、かわいく、おもしろく！　Instagramやブログではレシピの他にも身近なものでできる、お弁当をかわいくするアイデアやちょっとしたデコ（飾りつけ）アイデアなども公開しています。

「お弁当作りがめんどくさいな〜」っと思っている方や、「大切な人のためにかわいいお弁当を作りたい」と思っている方々に少しでも役に立ちたいと思って発信しています。

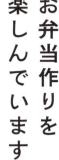

子どもの食事は楽しく！ちょっとかわいく

子どもの食事は楽しく、ちょっとかわいく見えるように工夫しています。旬の食材を使って、季節のイベントにそった献立を考えるのがいちばん楽しいです。ただ、特別なものは使わない、買わない、使い切るように、と心がけています。たとえば「生クリームを大さじ1だけ使う」とか、その料理にしか出番がないような「少量のスパイスを買う」のがどうしても嫌なんです。誰かが私のレシピを見たときに、「真似したい！　これなら私にもできる！」と思うような身近な食材とスパイスで、簡単で美味しい料理を作るのが目標です。

上／今日の夕ご飯は、「アルパカ」カレー。「何に見える？」「いぬ！」　左下／「トナカイ」ロールケーキ。角にはクランキーチョコを、目はホワイトとミルクの板チョコを湯煎で溶かしました。市販のロールケーキに目やツノをつけるだけでもOK。　右下／おにぎりで朝ご飯。おにぎりってなんでこんなにかわいいの。おにぎりにすると食べてくれる子どもたち。おにぎりの魔法。

PROFILE DATA

▶住まい、年代、仕事、家族、趣味特技
長野県大町市／30代／夫、自分、長男（5歳）、長女（3歳）、次男（1歳）／料理

▶好きな家事
料理、お弁当作り

▶苦手な家事
アイロンがけ。小さい子どもがいるので。

▶自分の家事についての長所
時間の使い方は効率がいいとよく言われます。乳児がいるので隙間時間をちょこちょこと利用して仕事と家事をしています。また、やることリストを作っています。これをやらなきゃと思ったときに冷蔵庫に貼ってある紙に書くようにしています。作ってみたい料理や、浮かんだアイデアも。1日の始まりにはその中からその日できそうなこと、絶対やるぞと思うことをピックアップしていますが、やらなければならないこと、やりたいこと、次々浮かんでくるのでリストが空になったことがありません（笑）。

▶家事についての心がけ
できるだけ丁寧にしようと心がけています。でも料理も掃除も洗濯も、終えたときにいちばんきれいな状態になればいいかなっていうのが本音です。やっている最中は結構ぐちゃぐちゃなので、作業中はあまり見られたくないかも（笑）。

マストアイテムの調理器具3点

昔から料理好きでしたが、主人のお弁当作りがきっかけでより好きになりました。切れる包丁、ピーラー、フードプロセッサーは毎日使います。よく切れる包丁は料理が楽しくなるアイテムです。鶏肉の皮がザクザク切れちゃうのって、最高にストレスフリーです！

オムライス、帆立フライ、キャベツと塩昆布の和え物、ブロッコリー、にんじんラペ

どーんとグラタン弁当

今日は半分どーんとグラタン弁当。グラタンの器は100円ショップのミニパウンド型です。大きく場所をとってくれるので、他のおかずも少なくて楽チンでした。

おにぎり（五色の花むすび）、帆立グラタン、ブロッコリー、ゆで卵、尻尾なしエビフライ

PROFILE DATA

▼献立でのマイルール
・サラダは絶対に作る。健康のためにも食べるときに先に野菜をとることを心がけているから（血糖の急上昇を防ぐため）。
・タンパク質をとる。
・夕食は翌日のお弁当のことも考えたメニューが多い。

▼お料理について苦手なこと
お魚グリルを洗うこと。

▼お料理について、得意なこと
食材の使い回し、使い切り、余った食材、余ったおかず、をアレンジすること♪

▼理想の暮らしは
週末ゆっくりと家族で過ごす。庭でBBQでもしながら。白くて明るい家に住みたい。ママがいつも笑っていて、家族みんなが仲良しな暮らし。

▼暮らしを楽しむために、大切にしていること
みんなが一緒に過ごす時間は私も一緒に過ごしたいので、もくもくと作業するような家事や仕事は、なるべくみんなが寝ている朝方に行います。だから私だけいつも4時半起き。でも、この時間が私は好きです。掃除も洗濯も終わらせて、ご飯を食卓に用意して、お弁当の蓋を閉めて、キッチンをきれいに整理して、さあ起こすぞー！ってみんなを呼びに行くのが好きなんです。

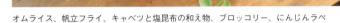

お花ゆで卵とデミグラスハンバーグ弁当

今日はデミグラスハンバーグ弁当。お花のゆで卵は、タテ半分に切ったストローで作ります。太めのストローを使います。断面が半円になるように縦に切ってゆで卵の半分くらいのところをプスプスと一周。黄身にあたると感触でわかるので刺し過ぎないように。パカッと白身だけ外します。

デミグラスハンバーグ、ゆで卵、ごぼうサラダ、ひらひらにんじんのバター蒸し、塩茹でブロッコリー、桜大根

うずらの卵をストローでくり抜いて作りました

卵をくりぬいて色の食材をはめたら、もしかしてゲームの「ヨッシーのたまご」ができるんじゃ……!? 思いついたら眠れなくなってしまった昨夜です。ウズラの卵をストローで抜き、色の食材も同じストローで抜いて、はめるだけ。緑はスナップえんどう、ピンクはハム、赤はカニカマ、紫は大根の紫キャベツ甘酢漬け、黄色は卵焼き。娘が「かわいい〜!」とニコニコでした。

うずらの卵をストローでくり抜いて、色の食材をはめるだけです。卵との相性は目をつぶってくださいね。色合い重視です。

たこ焼きプレートで焼きおにぎり。具は、いくら、卵焼き、チーズ、肉巻き、ほうれん草ナムル、鮭の6種類。ご飯にはあらかじめだしと醤油ちょこっとで味がついてるのでトッピングの味を足してちょうどよい塩梅に。

30

みかさん

mika

家族で囲む食卓が大好きです

Instagram
「@mikasko」

とにかく食べることが大好きなので、買い物から調理、器選び、盛り付けの一連の流れが好きですし、何より家族で囲む食卓が大好きです。

働いているので平日は料理にかけられる時間が限られています。いかに時短で作るか、何をどの順序で作るかを仕事帰りの電車の中でシミュレーションしてからとりかかっています。

基本的にはメイン料理はお肉とお魚が半々になるようにして、そこに野菜のおかずを足すかたちを心がけています。家族の食べたいもののリクエストを聞いて、みんなが楽しく美味しく食べられることを第一に献立を決めています。

姉夫婦が自然栽培の農業をやっているのでいろいろなネットワークから体によいものや美味しい野菜や果物、調味料情報などを教えてくれるので大いに影響を受けています。

今日の朝ご飯は、いろいろミニおにぎり。卵焼きおにぎりがなかなか好評。あとはたらこディル、れんこんチーズ、菜の花いくら。

メニューを決めたらまず器を選んで並べます

器が好きなので北欧食器から作家ものまでいろいろ集めています。器と料理をどうコーディネートするかを毎日楽しんでいます。

メニューを決めたらまず器を選び、並べてから調理して盛り付けます。料理と器が自分の中でぴったり来たときの達成感がたまりません。

上／夕食は手羽元のから揚げ、しいたけ入り切り干し大根の煮物、ごぼうサラダ、新玉ねぎと菜の花のサラダ、納豆、大根と豆腐と油揚げの味噌汁、ご飯、いちご　左下／朝食はトースト、かぼちゃスープ、サラダ、やきいも、いちご&キウイ　右下／夕食はさんまの蒲焼き丼、豚ロースソテー、小松菜とツナのおかか醤油、野菜と豆腐の味噌汁、梨。今日はガッツリ系。豚ロースは下味だけ付けて焼いてお好みでゆずみそで。野菜と一緒に食べるとさっぱりでおいしい。

PROFILE DATA

▶住まい、年代、仕事、家族、趣味特技

東京都／30代／会社員／夫、自分、長男6歳、次男三男4歳／料理、旅行、カフェ&パン屋さん巡り、読書

▶好きな家事

料理

▶苦手な家事

洗濯物干し。洗濯担当の夫が洗濯物を干すのを極めてからは、たまにやるといろいろ言われるので、なるべくやらないようにしています（笑）。

▶家事について変えてよかったこと

子どもが3人になってからは夫と家事を分担。共働きのため平日は夜に家事をすることが多く、全てが終わり、子どもたちも寝た後に夫婦でおつかれさま、と晩酌するのが楽しみな時間です。

▶家事についての気持ちの持ち方

家事は趣味の一つ、と捉えて楽しみながらやっています。

▶お料理がおっくうになることはありますか

あります。疲れていたり、気分が乗らないときは外食したり買って来たものを食べたりしています。

▶食に関しての工夫

献立を早めに決めておいたり、ご飯はお鍋で炊いたり（20分で炊けます）朝ご飯用に茹でておいた野菜などの食材を半分残しておいて夕食に使うなど、作り置きまではいかないちょっとしたことが時短料理につながっている気がします。

5色丼。たらこにんじん、卵焼き、味噌煮豚、ピーマンの塩炒め、ウインナーのBBQソース炒め

31

sakiさん

saki

お弁当作りがワクワクする楽しみになりました

Instagram
「@nicosacco_021」

2年前、娘の高校進学からはじめた夫と娘へのお弁当作り。料理は好きでしたが、お弁当は初心者で当初は面倒でたまらなかったものです。そんな中、Instagramで目にした驚くほど美味しそうなお弁当の数々に魅了されました。今ではInstagramへの投稿が日課の一つです。たくさんの方に見ていただきながら、私自身も学び、毎日のお弁当作りがワクワクする楽しみに変わりました。

お肉料理の多い我が家。その分野菜をしっかりとる食卓を心がけています。できればたくさんの種類のものを多めに。特別な食材は使わず、週に一度のまとめ買いで1週間食材をやりくりできるように考えます。毎週土曜日のまとめ買いの際、おおまかなメニューは決めて出掛けますが、臨機応変に対応しています。

左／なすとお豆腐のキーマカレー、スライスゆで卵、アスパラガーリック炒め、ボロネーゼペンネ、バター醤油いも、ウインナーBBQソース　右／デミチーズハンバーグ、ゆで卵、塩茹でブロッコリー、ベーコンガーリックポテトサラダ、いかの甘辛焼き、ひじきの旨煮

上／3色青椒肉絲、塩唐揚げ、味玉、カレージャーマンポテト、胡麻塩ご飯　左下／焼き鮭、里芋と豚肉の甘辛炒め、ひじきの蓮根のナムル、ねぎ入りだし巻き卵、ブロッコリーの胡麻和え、切り干し大根とツナの旨煮　右下／肉味噌入り太巻き、ヤンニョムチキン（韓国風鶏唐揚げ）、ブロッコリーの胡麻和えサラダ、コーンのハッシュドブラウン、和風パスタ、みかん

目の前のことから一つずつ着実に

お弁当のおかずや簡単な作り置きは、夕方の晩ご飯作りと片付けの時間に並行して済ませてしまっています。主人も娘も家を出る時間が早いので、朝は揚げ物や卵料理だけ、場合によっては前夜全て済ませてしまい、朝は詰めるだけ。

また、朝バタバタしないように、お弁当や朝ご飯を含めた全ての仕事は、作業しやすいようにトレイに乗せておき、冷蔵庫や食卓に準備してから就寝するように心がけています。

仕事、家事で忙しいときは、目の前にあることから一つずつ着実に片付けるように心がけています。

PROFILE DATA

▼住まい、年代、仕事、家族、趣味
神奈川県厚木市／46歳／ヨガインストラクター・障害者施設でのリズム体操指導・施設グループホーム勤務など／夫・娘（17歳）／凝り過ぎない料理、リラクゼーション系ヨガについての勉強、安くてもカッコよく動きやすいファッション

▼好きな家事
料理、模様替え

▼料理が好きになったキッカケ
子どもの頃、毎日おいしい料理を作ってくれる母が私の憧れでした。どんな職業よりも母みたいになりたいという気持ちが強かったくらい。

▼苦手な家事
アイロンがけです。ハンガーかけスチームアイロンの導入で少し楽に。

▼お料理について苦手なこと
実は手際があまりよくないところ。

▼食に関しておすすめしたいもの
圧力鍋。

▼理想の暮らしは
穏やかな時間の流れる暮らし。

▼理想の暮らしのための心がけ
家族とのかけがえのない時間を大切に過ごし、自分に与えられた事に全力で取り組む。そして今の全てに感謝して、振り返ったときに後悔がないよう日頃から心がけています。

▼「丁寧な暮らし」という言葉、生活について、思うこと
いま自分が与えられた環境のなかで一瞬一瞬を大切に過ごしていく、というのも丁寧な暮らしの一つだと思っています。

32

匡子/makoさん

masako/mako

笑顔で楽しく料理をするよう心がけています

三角マトリョーシカおにぎりで朝ご飯。

➔ Instagram
「@cafe_mako」

食卓でも、お弁当箱を返してくれるときにも「おいしいよ」「おいしかったよ」の言葉がもらえて、相方や娘の笑顔が見られるから、毎日のご飯やお弁当を作るのが好きです。

自分が笑顔で作った料理には栄養以外の何かプラスのスパイスが入るような気がしています。逆に怒って作った料理はやっぱりイマイチ（笑）。いつも自分自身が楽しんで料理をするように心がけています。

笑顔あふれる楽しい食卓がなによりのごちそうです。安全な食材を使ったり、丁寧に料理をすることはもちろん大切ですが、あまりこだわり過ぎないようにしています。ときにはいわゆる「ジャンクフード」も食べたりして、こうでなければ、と気張った考えを持たないでいることが、我が家の暮らしを楽しくしていると思います。

左／お一人さま、お昼ご飯。相方と娘のお弁当の残りおかずで。　右／バリスタをしている娘が淹れてくれるコーヒーをいただくときが、なによりの家族の癒し時間。

毎日、4時半に起きています

私が起きるのは毎朝4時30分。相方の出勤が早いので、ここ十数年で定着したルーティンです。凛とした空気の中でキッチンに立ち、まずお湯を沸かします。前日の晩ご飯のくりまわしだったり、下味をつけて半調理してあったおかずの調理だったりを少しずつはじめて、身体が動き出します。東の空がだんだん明るくなってきて、その空に向かって1日の家族の無事を願います。お弁当箱を選んで、できあがっていくおかずを見ていると、あ！　これが作りたい！　と思いつくことも。決まったストーリーにアドリブを差し込むようなワクワク感があって、お弁当作りの朝の時間はさながら舞台に立つ役者のようです。

お昼に蓋をあけたときの家族の笑顔を思い浮かべながら、小さな箱の中においしい世界を詰めていく作業がとても好きです。

上／手作りコーヒー食パンで、アメリカンなパン弁当。パン焼きも朝の家事に組み込んでいます。　左下／くるくる巻いたパスタ弁当。　右下／豚こま肉で作る豚串カツ弁当。

PROFILE DATA

▼**住まい、年代、仕事、家族、趣味特技**

愛知県／アラフィフ／在宅仕事／夫・娘（社会人）／旅行・パン作り・豆皿を集めること・読書・文章を書くこと

▼**好きな家事**

毎日のご飯作りとお弁当作り

▼**献立はどのように決めますか**

基本的に晩ご飯とお弁当を中心として献立を決めています。お弁当用に、晩ご飯から取り分けられるものを取ったり、衣をつけるものや下味をつけるものは多めに作って冷凍し「手間の貯金」をしています。晩ご飯調理と同時に、常備菜を作ります。余裕のあるときは多めに作り、冷蔵庫に2品以上の常備菜があるようにしています。

▼**お料理について影響を受けた人**

母が婦人之友の「友の会」に所属していて、ホームメイドケーキや丁寧な手作りおかずがある家庭に育ちました。学校から帰るとダイニングテーブルの上にアルミホイルで包まれたパウンドケーキがよく並んでいました。玄関まで甘い匂いが広がっていて「あ〜うちに帰ってよかったなぁ」とよく思っていたものです。

▼**「丁寧な暮らし」という言葉、生活について、思うこと**

丁寧に暮らすということは、今ある幸せを大切にすること。くるくると回り続ける変わりない毎日の中で、ほんの少しのことにも感謝することなのかもしれないと思います。

33

岩井智穂子さん

iwai chihoko

常備菜でお弁当や夕食を時短に

Instagram
「@chiho_1590」

常備菜を作って、夕食、お弁当作りを時短するようにしています。常備菜は1時間くらいでできるものを5、6品。3、4日で食べ切ります。作り過ぎないことで、片付けや家事が楽になります。残り2日間は残りもの野菜でご飯を作り、駄目になる野菜を減らします。お肉は少し多めに買って冷凍しておくと、余り物でご飯を作るときに楽です。

私が手作りのお弁当を毎日作るようになったのは、『今日のおべん ― 平日ラクするべんとう生活』（tami著／主婦の友社刊）がきっかけです。この本で曲げわっぱを知り、作り置きでこんなカラフルでおいしそうなお弁当ができるなんて！ と感動しました。それまでは人様に見せられない、冷凍物のみの手抜き弁当でした。今はできるだけ手作りをして、旬の野菜を取り入れています。

最上段／桃のコンポート、なすと青ねぎの肉巻き、かぼちゃの煮物、ひじきとにんじんの明太子炒め、キーマカレー、マカロニサラダ、チーズのポテトサラダ、かぼちゃのきんぴら、ハニーナッツ、ブロッコリー、レモンマヨネーズドレッシング、ナメタケ　2段目左／旦那弁当。エビピラフのおにぎり、海苔のクルクル卵焼き、ほうれん草の胡麻和え、肉団子　2段目右／ワンプレートで晩ご飯。ぷっくりジューシーハンバーグ。　3段目／ドライカレー弁当。ドライカレー、ゆで卵、大学いも、大根、ピクルス、ブロッコリーのサラダ、にんじんのクミンソテー　最下段／唐揚げ弁当。唐揚げ、プチトマト、にんじんと大根の甘酢漬け、かいわれ大根、ゆで卵、椎茸とこんにゃくの甘辛煮、かぼちゃの煮物、レモン

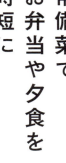

お菓子作りが楽しいです

得意というほどではないけれど、お菓子作りが楽しいです。これまでお菓子作りはあまりしたことがありませんでしたが、Instagramで投稿されるおいしそうなスイーツを見ているうちに自分も作りたいと思うようになりました。今では友人のお土産にしたり、付き合いの長い、美容師さんやネイリストさんに差し入れをしたりしてます。皆さんに喜んでもらえるのでとっても嬉しいです。

左上／焼きドーナツ。「cookie jam」というゲームに、ドーナツなどのいろいろなお菓子が出てきておいしそうだなぁ……と。作ってしまいました。　右上／休日のおやつ、マロンロールケーキ。下／独り占めしたくなるくらいの、生チョコタルトでした。

買い出しは土曜に7日分

買い物は、毎週土曜日に7日分を買います。献立は夜ご飯のものを5日分考えておきます。作り置きの副菜を5品から6品。メイン料理は魚1～2日、肉料理3日で、土日はフリーです。バランス良く食べることを心がけています。

左／常備菜で昼ご飯。ハニーナッツ、ブルーベリージャム、マカロニナポリタン、オニオンドレッシング、スコーン、サラダ　右／常備菜でラクチン朝ご飯。塩おにぎり、なすの揚げびたし、ラディッシュときゅうりの塩もみ、かぼちゃのきんぴら、鶏の塩麹炒め、みょうがの甘酢漬け、ヨーグルトのフルーツ盛り

PROFILE DATA

▼住まい、年代、仕事、家族、趣味
東京都／40代／専業主婦／夫、自分／趣味（ドライブ、手芸、写真を撮ること）

▼好きな家事
料理。好きというほどではないけれど毎日していることだから。

▼苦手な家事
掃除、後片付け。たぶん自分の中でハードルを上げ過ぎて疲れて嫌になってしまいます。

▼自分の家事についての長所
料理。時短でおいしく作ります。材料は全部出して、全てカットして、混ぜ合わせる調味料も全部準備しておく。作る順番は最初に頭の中で決めておく。

▼家事について心がけ
思いやりを持ち、おいしい物が食べたいなぁと思いながら作ります。キッチン周りはきれいに。料理しながら洗い物しながら片付ける。料理しながら冷蔵庫を整理する。

▼お料理についておっくうなこと
週末になると材料もなくなり、作るのが面倒になることがあります。

▼今後チャレンジしていきたいもの
飲茶、和スイーツ、魚料理（煮魚、アクアパッツァ）など。

▼暮らしを楽しむために大切にしている時間
趣味が手芸なので、少しでも自分の時間を作るようにしています。

▼「丁寧な暮らし」という言葉、生活について、思うこと
憧れです。休日は手作りのおいしい朝ご飯が作れたらいいなぁ。

34

ふうさん

fu

自分好みにアレンジした創作料理

「こにぎり」並べ。昆布とエビの炊いたん・三つ葉、枝豆とたくあん・紫黒米ご飯、のり・れんこん・いくら、明太子・黒豆玄米ご飯、さくら、「ふたば苑」花ちりめん。

Instagram

「@fu0821」

定番料理よりも、自分好みにアレンジした創作料理が好きです。おいしいお店で食事をするのも大好きで、真似してみたい！　と思ったことがあれば、その場ですぐにメモします。それを自分なりに再現して楽しんでいます。

器好きの母の影響で、幼い頃から、たくさんの器に囲まれて育ってきました。お手伝いをするときは幼いながらに、この料理がいちばん映える器はどれかを考えて選んでいました。高校生の頃には、お気に入りの器屋さんに通っていました。お小遣いをためて購入した器たち。まだまだ現役でInstagramにもよく登場しています。思い起こせば、高校生の頃から立派な「器病」だったんだなと。もちろん今も「器病」は治っておりません。

週3日、仕事で帰宅時間が遅くなるので、家族には置き弁を用意します。ひじき煮入り卵焼き、豚肉の生姜焼き 九条ネギで、和風キャロットラペ、白菜と林檎のさっぱりコールスロー、長芋のジャーマンポテト、紫白菜の梅酢マリネ、生春巻きとりんご、おにぎり3種（いくら、枝豆、浅草今半の牛肉れんこん）、すまし汁、福砂屋さんのオランダケーキ、招福飴

旬を大切に新鮮なものを

野菜と魚は、とにかく旬を大切に新鮮なものを！　産直で購入した地元の安心な野菜をたっぷり使います。魚も市場で購入することが多いです。春から秋にかけての釣りのシーズンにはいろいろな魚をいただく機会も多いので、美味しい魚をいっぱい食べています。

大きな活き舌平目をさばいて「モザイク寿司」に。卵をもっていたので、卵の部分は湯煮にして、旬の菜の花を添えました。

ソーセージを手作りしました

昨日のおうち定食。自家製ソーセージは、丹沢高原豚にセロリをたっぷり、スパイスも効かせて。手作りだと添加物の心配もないし、脂加減を好みで調整できるのが嬉しいところ。

なんちゃって焼きソーセージ、フリルレタスサラダ、ラディッシュの甘酢漬け、ゆで卵、紫玉ねぎの甘酢漬け、ひじきと三つ葉の混ぜご飯、トマトと豆腐の中華スープ、ちびキウイ、搾菜なめこ、白菜とりんごのコールスローサラダ、手作りプリン、いちご、「カファレル」のチョコ

PROFILE DATA

▼住まい、年代、仕事、家族、趣味

兵庫県／40代／週1ヨガ、週2筋トレ、リンパドレナージュ、マクロビ、Mr.Children

▼献立はどのように決めますか

あらかじめ献立を決めてから、必要な食材を買いに行く……という面倒なことはしません。というのも、基本的にお店では、その日のお買い得なものしか購入しないのです。冷蔵庫にあるものだけで、マイレシピを元に献立を決めていきます。足りない材料は別のもので代用しますが、このときの新しい組み合わせで、思いのほかおいしくなることも。それが楽しくて「実験」がやめられません。実験が成功したときは、すかさずマイレシピに追記します。初めて挑戦するおかずは、簡単に分量等をメモしながら作っています。おいしく出来上がれば、清書してマイレシピにファイリング。こうして、アナログなマイレシピをどんどん増やしていくのが、私のささやかな楽しみです。マイレシピは、素材別、ジャンル別に細かくファイリングしています。マイレシピのおかげで、仕事しながらの忙しい毎日でも、時間を有効に活用できています。

35

miyuさん

miyu

器一つでお料理の表情が変わります

Instagram
「@hime.hana1222」

和

食を作るのが得意です。食材が人の手を加えられることで、見た目も美しく、美味しい料理となっていく様子が好きで、それを楽しみながら作っています。

器も好きなので盛り付ける料理の器選びも楽しんでいます。同じ料理でも器一つで表情が変わるのがとてもおもしろいです。

また、外食して美味しかったメニューを再現してみるのも好きです。お店と同じ味が出せたときは嬉しく、ひと手間加えて自分好みにアレンジするのも楽しい!

今後は創作和食、会席料理などにチャレンジしてみたいです。(小料理屋さんをやってみたいと夢を持ったこともあったので。夢ですが)。

夫のお昼ご飯。買ったばかりの「すだれ弁当」を使ってみたくて。作り置いて冷凍していたコロッケ、春菊の胡麻和え、キャベツラペ、卵焼き、ほうれん草おひたし、焼き鮭、豚汁、たくあん、サラダ

今朝は新米で、きのこの炊き込みご飯と昨日、夕飯準備しながらついでに作った常備菜(たけのこの土佐煮、きんぴらごぼうとその他残りもの)を並べた朝ご飯。

朝ご飯のような昼ご飯

米は県産米を、炊飯器ではなく鍋で炊き、曲げわっぱのおひつに移して食べています。これが本当においしくて、娘は帰省するとこのご飯を食べることをとても楽しみにしています。大豆の味噌は数年前から手作りで仕込んでいます。大豆の味が濃く甘みがあってとてもおいしいです。

夫のお昼。炊きたてご飯に柚子唐辛子ふりかけ、納豆と赤ねぎ、鮭ハラスの塩焼き、マカロニサラダ ホタテ貝柱入り、にんじんの子和え（青森の郷土料理）、白だし味玉、魚すり身のみそ汁。小さな小さな蓋付き椀は栗原はるみさんのショップで。

全ての家事を朝8時半に終えます

今朝はなすのかば焼き丼。糖質制限をしているので、ジムのトレーナーの指導や自分で調べた結果、量は少なめ40gです。

私は、全ての家事を午前8時半頃（遅くても9時頃）までには終われるようにしています。その際「自分タイマー」を使っています（笑）。「自分タイマー」とは、好きな音楽を聞きながら家事をし、「この曲が終わるまでに○○を終わらせよう」とか、時計を見て「○分までには○○を終わらせよう」と設定するもの。時間切れもよくあるのですが無理せず楽しみながら。そうしているとあっという間に家事が終わっています。

ご飯少なめ、なすのかば焼き丼です。

PROFILE DATA

▼住まい、年代、仕事、家族、趣味

青森県弘前市／40代／専業主婦／夫、自分、近所に住む息子家族（息子、嫁、孫2人）は毎日のように立ち寄っています。特に小学三年の孫は毎日我が家で過ごしています（笑）。／1年前から始めたスポーツジム通い（主に筋トレ）。洋裁などのハンドメイド、お菓子作り

▼家事についての心がけ

休みもお手当もなく誰も褒めてはくれない家事。しかし家族が心地よく生活できるよう、家事を代わりにやってくれる人はいないので、自分が楽しんでできるように心がけてやっています。そしてたまに「私がいるから、家庭がスムーズに回っているのだ！」と言い聞かせています（笑）。

▼理想の暮らし

2人の子どもが独立し、夫婦でいる時間が長くなりました。さらに続くこの生活、干渉し過ぎず、互いを尊重し合いながら、無理なく身の丈にあった生活……そして笑顔溢れる暮らしをしていくことが理想でしょうか。いつまでも夫婦2人、冗談を言い合いながら仲良く暮らしていきたい。

▼「丁寧な暮らし」という言葉、生活について思うこと

「丁寧な暮らし」とは「自分磨き」に繋がると思っています。毎日の生活、家事の中にほんの少しの＋αをしてみる。無理せず、頑張り過ぎず……。そんなほんの少しの＋αが積み重なると知識となり日常となり、結果、自分磨きに繋がっているのでは……と思っています。

京都水族館のお土産でいただいたペンギンの海苔でおむすびにしました。1日中食事の支度に追われる夏休み。

36

さとえりさん

satoeri

「料理は口から食べる愛情」をモットーにしています

Instagram
「@nico__cafe」

「料理は口から食べる愛情」を自分のモットーにしています。気持ちを込めて作ることがとても好きです。母は、ひと月のうちに同じものを出さないよういろいろな料理を作るよう心がけていたそうで、私も子どもたちに、いろいろな食材、料理を食べさせてあげたいと思っています。

でも無理はしないようにしています。疲れているときこそ体は手作りの味を求めますが、そんなとき一から全部作るのは辛いので、少し手を加えれば完成するキットや、レトルトでも無添加で体にも舌にもおいしいものなどを探しています。

家事も、同じように毎日完璧にこなすことは無理で、子どもの体調が悪い日は何もできずに終わることがあったり、自分の体調が悪い日もあったりします。どうしても気持ちが家事に向かわない日も。そんなときは最低限の家事ができればOK。ほこりがあっても、洗い物がたまっていても気にしない。そんな感じでハードルを下げ、自分が苦しくならないようにゆるゆる甘やかしています。そしてたまにやってくる、やる気がみなぎる日にその分を取り戻します。

お友達が遊びに来てくれたときのご飯。鶏団子と菜の花の豆乳スープ、大根とはんぺんの胡麻金平、スパニッシュオムレツ、サラダ、糠漬けきゅうり、おむすび

お母さんの一期一会クッキング

食べてみたかったチーズテリーヌ。作りたいレシピが手元にないので、いつものチーズケーキレシピのチーズ多め、卵黄多め、残っていたヨーグルト少しを入れてパウンド型で湯煎焼き。我ながら驚くほどおいしくできて家族からも「今まででいちばん!」をもらえてなんとも嬉しいおやつとなりました。

お母さんの一期一会クッキング。「あるもので美味しく」は主婦冥利に尽きます。

おいしくできたチーズテリーヌです。

おやつを作る時間が幸せ

夜子どもが寝てから、翌日のおやつを作ったり、パン生地を仕込んだりする時間が息抜きになっています。翌日の子どもたちの喜ぶ顔や、焼きたてパンの匂いを想像しながらの作業はとても幸せで、私にとって大切な時間です。明日の小さな幸せ作りだと思っています。

そ〜っと1枚持っていかれました。

子どもの頃に食べていた味

あんこを炊くと作りたくなるおやつ。

あんバターどら焼き。おチビたちはバターなしで。手のひらサイズがちょうど5つできました。この頃、手作りおやつを喜んでくれるので作り甲斐があります。子どもの頃食べていた、素朴な母の手作りおやつ。私も子どもたちに作るのが夢でした。

あんバターどらやき。母の味です。

子どもが喜ぶ甘〜い朝ご飯

今日はココア入りのバナナブレッドで軽めの朝ご飯。

子どもたちがわぁ〜っ♥ってなる甘〜い朝ご飯を週に一度くらい作りたい。たまにだといい反応してくれるから、その顔が見たくて作ります。

豪快にかじりついた次男。

PROFILE DATA

▼住まい、年代、仕事、家族、趣味

愛知県名古屋市／30代／専業主婦／夫、自分、長男7歳、次男3歳、長女2歳／パン作り

▼好きな家事

食事作り

▼苦手な家事

整理整頓、収納

▼食に関しておすすめしたいもの

人工大理石のパン捏ね台（裏に滑り止め付き）。常に出していて、まな板を置いて食材の下ごしらえをしたり、パンを捏ねたりしています。

▼理想の暮らしはどんなものですか

食も掃除も子育ても、丁寧に穏やかに向き合う暮らしが理想です。

▼理想の暮らしに近づけるための心がけ

今は子どものペースに寄り添って、無理なくできることだけをするようにしています。できないことのほうが多いのですが「ま、いっか」という言葉も、穏やかに過ごすためにはとても大事なことだと子育てを通して教えてもらいました。

▼「丁寧な暮らし」という言葉、生活について、思うこと

素敵な暮らしぶりだなぁと感じる方々は、忙しくても自分らしさを持ち、暮らしのあちこちに小さな楽しいことを散りばめているように見えます。心にゆとりを持っていきいきと暮らしている、そんな生活を見ているだけで、気持ちが明るくなって自分も頑張ろうと元気をもらえます。いつか私も、頑張らず自然体のまま、そんな暮らしができたらいいなぁと思います。

お問い合わせ

本書に関するご質問や正誤表については下記のWebサイトをご参照ください。

刊行物Q&A
https://www.shoeisha.co.jp/book/qa/
正誤表
https://www.shoeisha.co.jp/book/errata/

インターネットをご利用でない場合は、FAXまたは郵便にて、下記までお問い合わせください。

〒160-0006 東京都新宿区舟町5
FAX番号 03-5362-3818
宛先
（株）翔泳社 愛読者サービスセンター

電話でのご質問はお受けしておりません。

※本書に記載された情報は、各執筆者のInstagram、ブログ掲載時点のものです。情報、URL等は予告なく変更される場合があります。
※本書の出版にあたっては正確な記述につとめましたが、著者や出版社などのいずれも、本書の内容に対してなんらかの保証をするものではありません。
※本書掲載の製品はすべて各執筆者の私物です。現在入手できないものや、各メーカーの推奨する使用方法ではない場合があります。同様の方法をお試しになる場合は、各メーカーによる注意事項をお確かめの上、自己の責任において行ってください。
※本書に記載されている会社名、製品名はそれぞれ各社の商標および登録商標です。

装丁デザイン	米倉 英弘（細山田デザイン事務所）
DTP制作	杉江 耕平
編集	伊藤 彩野、荒井 奈央（MOSH books／P.006〜P.017）、須田 結加利、本田 麻湖

みんなの丁寧な暮らし日記
小さなことから始める。私らしく毎日を楽しむ。

2018年 5月23日　初版第1刷発行

編者	みんなの日記編集部
発行人	佐々木 幹夫
発行所	株式会社 翔泳社（https://www.shoeisha.co.jp）
印刷・製本	株式会社 加藤文明社印刷所

ISBN978-4-7981-5676-7　Printed in Japan